JN096579

＼ よくわかる ／
データリテラシー

データサイエンスの基本

阿部 圭一 著

近代科学社

まえがき —— この本の特長と使いかた ——

この本の特長

■ 内容をひとことで言うと

この本は、データサイエンスの基本となるデータリテラシーと、データサイエンスの基礎部分から構成されています。後者は、平均、分散、相関係数、大数の法則、統計的に有意、からなりますが、それらもデータリテラシーに配慮して書いてあります。

■ データリテラシーとは

データリテラシーも、データサイエンスも、内容の定義がはっきりしません。2つの関係は、第0講で説明しています。データリテラシーは、データサイエンスを学ぶ以前に身につけておくべき、データにたいする見かた、とらえかたです。データサイエンスの基本と言ってよいでしょう。

■ データリテラシーについて、体系的に学べる初めての本

この本は、大学生や社会人が学ぶべきデータリテラシーの内容は何かを考えて、10年以上の熟成をかけて生まれました。そのいきさつは、あとがきに書きました。

■ 考える方法を学ぶ

データリテラシーには、2つの面があります。

(1) 間違ったデータや故意に誤解させるようなデータをどう見分けるか

(2) 自分にとって大事な、信頼できる情報をどうやって見つけるか

どちらも、根底には「自分で考える力」が必要です。この本では、「考える」演習をたくさん用意しました。

この本の使いかた

■ 大学の授業で使う

　全学部・全学科の授業で用いることができます。文系でもわかりやすいように、できるだけ数式を使わないで説明しました。本格的なデータサイエンス教育への橋渡しとして開講することもできます。別に「インストラクションガイド」を用意しましたので、そちらをご覧ください。

■ 社会人が勉強する

　社会人が、データリテラシーとデータサイエンスの基礎を自分で学ぶのに適しています。「データサイエンス」という名を冠した本はたくさん出ていますが、次のどちらかでした。

(1) データサイエンスと AI を本格的に展開した本：自学自習で取りくむにはしんどいと思います。

(2) データサイエンスと AI を浅く広く解説した本：表面的な知識は得られますが、基本を身につけることすらできないでしょう。

　この本は、それらに満足できない人のために書かれた、社会人向けのしっかりした入門書です。

目　次

コラム

データリテラシーとデータサイエンス

ようこそ、データリテラシーとデータサイエンスの学習へ。

まず、この本の目的と扱う内容を説明します。

データリテラシーとは

データリテラシー（data literacy）とは、いわばデータ（data）の読み書き能力のことです。広く言えば、データを扱う能力全般を言います。広い意味のデータリテラシーは、データの集めかた、集めたデータの処理のしかた、データの表示や蓄積のしかた全般を含みます。つまり、データを作成し、提示する側の能力も含んだ概念となります。

しかし、この本では、もっと狭い意味のデータリテラシーを扱います。普通の人にとっては、データを作成する機会よりも、示されたデータを受けとったり見たりする機会のほうが、はるかに多いと思います。そういう人たちに向けて、「データをどのように読んだらいいのか」「データにごまかされないためには」といった観点からの能力を育成することを、主な目的とします。

もちろん、そういう能力は、あなたがデータを作成して提示する場合にも活用できます。つまり、データの読み手が誤った理解をしないようにデータを作成し、提示するには、どのような点に気をつければいいか、がわかります。

最近では、数値以外のデータ、すなわち、文章、音声、画像、映像などもデータとして扱えるようになりました。しかし、この本では、数値で表されるデータだけを考えます。また、フェイクニュースのような情報全体にたいするリテラシーについては、最後の第15講で扱います。

なぜ今、データリテラシーが重要なのか

データリテラシーは情報リテラシーと呼ばれるものの一つです。コンピュー

ターリテラシー、ネットリテラシーなどと並ぶものです。近い概念として、メディアリテラシーがあります。なぜ今、データリテラシーが注目され始めているのでしょうか。それは、情報を処理する方法にたいして、処理される情報のほう、すなわちデータの重要性が相対的に増してきているからです。

内閣府と文部科学省は、大学の全学部・全学科の学生 50 万人に AI（人工知能）と**データサイエンス**（data science）[1] の初歩を学習させるという構想を、2019 年 11 月に発表しました。AI とデータサイエンスが今後の日本産業のイノベーションの鍵と考えたからです。しかし、データサイエンスの初歩って、何なのでしょう？　全学部・全学科の学生が学べるほど簡単なものなのでしょうか？

データリテラシーはデータの読み書き能力ことですから、データサイエンスの基本になります。しかし、そもそも多くの日本人には、データサイエンスの基本となるべきデータリテラシーが心もとないように、私は思います。とりわけ、テレビ番組や新聞記事などを作るジャーナリストが、データリテラシーの根本すらわきまえていない例が続出しています。それらは、この本を読み進めていけば実感されるでしょう。

ですから、私は、大学のすべての学生が学ぶデータサイエンスの初歩は、次の案が有力だと考えます。

データリテラシーと、**データサイエンスの基礎**の組合せ

この本は、データリテラシーから入り、データサイエンスの基礎を学んだ後、ふたたびデータリテラシーを振り返るという構成になっています。一つの授業例として参考になると思います。

コラム 0.1　データリテラシーとデータサイエンスとはどう違うのか

データリテラシーもデータサイエンスも、内容が定まっていません。ですから、ここで説明するデータリテラシーとデータサイエンスの関係は、私の個人的な見かただと思ってください。

---

[1]　著者は英語の単語の切れ目に・をうつ習慣です。「データ・サイエンス」としたいのですが、「データサイエンス」が広く使われているので、そちらに従います。それに合わせて、「データ・リテラシー」も「データリテラシー」とします。他の用語も同様です。

大ざっぱに言うと、データサイエンスはデータを収集し処理するための手法、そのための数学的知識、コンピューターソフトウェアの使いかたなどからなります。それにたいして、データリテラシーは処理する以前の、データにたいする見かた、とらえかたに重きがあるという感じです。データについての常識に近いものとも言えましょうか。

　データリテラシーとデータサイエンスは、図1のように共通部分を持っています。図1がよくある集合のベン図のように2つの交わった円になっていないのは、どちらも中味がはっきりしない、したがって境界もはっきりしないことを表したつもりです。データリテラシーは、データサイエンスの一部を支えています。

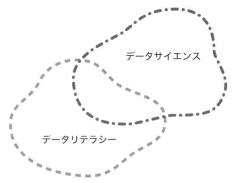

図1　データリテラシーとデータサイエンスの関係

　たとえば、第1講で学ぶ「データの4つの類別」は、データサイエンスの基礎です。同時にデータリテラシーの内容であると見ることもできます。つまり、両者の共通部分に入ります。しかし、データサイエンスの授業を担当する先生にとってはあまりにも常識的なことであるので、教えないかもしれません。

　木下是雄は、大学生に教えるべき「読み書きそろばん」の提案のなかで、「そろばん（数値の取り扱いかた）」に関しては、次の3つを挙げています（木下是雄：『木下是雄集3　日本人の言語環境を考える』，晶文社，1996）。
　　・不確かさを含む数値の読みかた
　　・大小のケタのつかみかた
　　・統計量の受けとりかた

私はこれに賛成です。不確かさを含む数値の読みかたについては、第3講で学びます。大小のケタのつかみかたについては、第4講で取りあげます。この2つはデータリテラシーと考えてよいでしょう。統計量の受けとりかたは、データサイエンスの基礎です。第5講から第10講で扱います。木下が大学生すべてが身につけるべきと考えた内容は、この本のように、データリテラシー寄りの視点を加えたものであったろうと想像します。

第0講のまとめ

・データリテラシーとは、狭い意味では、「データをどのように読んだらいいのか」に関する能力である。この本ではそれを扱う。

・この本は、「データリテラシーと、データサイエンスの基礎の組合せ」という構成になっている。

・データリテラシーもデータサイエンスも、内容が定まっていない。両者には重なる部分がある。

数値には 4 つの類別がある

数値の 4 つの類別

　では、いよいよデータリテラシーそのものの勉強に入ります。

　数値で表されるデータは、大きく 4 種類に分類することができます。(1) 名義尺度、(2) 順序尺度、(3) 間隔尺度、(4) 比率尺度の 4 つです。以下、順に説明しましょう。

名義尺度

　いくつかの例で説明します。

　[例 1] 日本工業規格（JIS、ジス)では、都道府県に、北海道が 1、青森が 2、岩手が 3、……、沖縄が 47 という番号（都道府県コード）を決めています。データとして都道府県を記すとき、都道府県名よりも番号のほうがコンピューター処理がしやすいからです。2 人の人が、生まれた都道府県コードとして同じ番号を持っていれば、同じ都道府県で生まれたことがわかります。違っていれば、違った都道府県で生まれたことになります。このように、値が等しいか等しくないかだけに意味がある数値を、**名義尺度** (nominal level)と呼びます。つまり、対象を区別するためにだけ異なる値を付けている場合です。値の順序とか大小関係は意味がありません。都道府県の番号は北東から南西にだいたい並んでいますが、細かい順序には任意性がありますから。

　[例 2] アンケートの質問として、「あなたが一番好きな科目は何ですか？　1. 国語　2. 算数　3. 理科　4. 社会 ……」を考えます。科目に付けられた 1, 2, 3, 4, ……という値の順序には特に意味がありませんから、これらの値は名義尺度になります。

　[例 3] 生年月日を記入する書類で、よく「1. 明治　2. 大正　3. 昭和　4. 平成　5. 令和」として、「元号欄には対応する数字を記入してください」という指示があります。これも、元号をそのまま記入するよりも値で区別するほうが、コ

ンピューター処理に向いているからです。元号に対応する値は古い順に並んでいますから、次に説明する順序尺度と言えないこともありません。しかし、「元号の値が古い順に並んでいる」ことを利用した処理を聞いたことがありませんから、これは名義尺度と言ってよいでしょう。

順序尺度

　小さい順とか大きい順とか、値に大小関係の順序がついている数値を、**順序尺度**（ordinal scale）と呼びます。

　［例1］アンケートで、こんな質問がよくあります。

　「次のことにあなたは賛成ですか、反対ですか?

　　1. 大賛成　2. やや賛成　3. どちらでもない　4. やや反対　5. 大反対」

あるいは、

　「次のことをあなたはよくしますか?

　　1. よくやる　2. 時々やる　3. あまりやらない　4. ほとんどやらない」

　これらの質問にたいする回答の値は、順序尺度になっています。

　［例2］さまざまな**ランキング**（ranking）が発表されています。ヒットチャートのランキング、テニスやゴルフの選手のランキング、幸福度の国別ランキング、世界の大学ランキング、などなど。ランキングにおける順位は順序尺度です。オリンピックにおける金メダル、銀メダル、銅メダルや6位までの入賞もそうです。ランキングに伴う問題点は、後のコラム1.1とコラム1.2で取りあげます。

　［例3］GPA（Grade Point Average）を計算するために、成績秀を5、優を4、良を3、可を2、不可を0で表した値は、順序尺度です。

　順序尺度で大切なことは、**隣り合う値のあいだの間隔（差）は一定でない**、あるいはわからないことです。たとえば、マラソンの1位と2位は体一つの差だったけれども、2位と3位の差は1分以上あった、などということがあり得ます。例1のアンケートの回答も、隣り合う値の差が等しいという保証はありません。

　ですから、大学で行われている学生による授業評価アンケートで、科目とか教員について学生の評価の平均値を出すことは、厳密に言えば正しくありません。仮に、5段階評価で、5は飛び離れて良く、4, 3, 2はそれより小さい間

隔で並んでいるとします。5が半数、2が半数で平均3.5になった先生と、4が半数、3が半数で平均3.5になった先生では、前者のほうが本当は評価が高いはずです。GPAの計算も便宜的なものだと考えるべきでしょう。

このことは、順序尺度を用いたアンケート結果の分析について、いつも言えることです。ただし、私はそれほど気にしなくていいと考えます。アンケートへの回答じたいが「2にしようか3にしようか？　ま、2にしておこうか」などとかなりいい加減に答えられていると思います。ですから、順序尺度の平均値は意味がないという厳密な議論をしてもしかたがないでしょう。もちろん、個々の回答者のいい加減さを、多くの回答を集めることによって、信頼性を高めているわけですが（「第9講　大数の法則が成り立つ」で学びます）。

間隔尺度

順序尺度では隣り合う値の間隔が一定ではありませんでした。これが一定である尺度を、**間隔尺度**（interval scale）と呼びます。値が等間隔で並んでいる尺度です。

［例1］温度は間隔尺度です。今日の最低気温は昨日より3℃低かったとか、8月の平均気温はどれだけであったとかいう言いかたができます。つまり、引き算（差）や平均という操作が意味をもちます。

［例2］1年の各月は、近似的に間隔尺度です。近似的だと言うのは、各月の日数が完全に同じではないからです。4月から見て6月は2か月先、9月から11月も2か月先です。平均を取ることはなさそうですが。

間隔尺度では、比率（～倍）や割合（～%）を考えることができません。30℃は20℃の1.5倍暑い（熱い）とは言えません。

比率尺度

間隔尺度では意味がなかった比率や割合が意味をもつ数値を、**比率尺度**（ratio scale）と呼びます。

［例1］時間、長さ、重さ（質量）などの基本的な物理量はすべて比率尺度です。30分は5分の6倍だなどと言えます。

［例2］金額、利率、人数・個数など、いわゆる普通のアナログ量は比率尺

度です。年利 0.4% なら、年利 0.2% に比べて 2 倍の利子がつきます。

　比率尺度は、**0 が絶対的な原点として存在する**ことが特徴です。0 からどれだけ離れているかで、比率・倍率や割合を比べられるからです。

　[例3] 100 点満点の試験の点数は、比率尺度か間隔尺度か微妙です。私は、80 点の人は 40 点の人の 2 倍できたと言えるので、比率尺度と見ます。

質的データと量的データ

　名義尺度と順序尺度を**質的データ**（qualitative data）、間隔尺度と比率尺度を**量的データ**（quantitative data）と呼ぶことがあります。

離散的データと連続データ

　飛び飛びの値しか取らないデータを**離散的データ**（discrete data）、連続的に変化しえて、その途中のどんな値でも取ることができるデータを**連続データ**（continuous data）と呼びます。名義尺度と順序尺度の数値は、離散的です。

　間隔尺度と比率尺度には、離散的データと連続データがあります。1 年の月番号や人数・個数は離散的データ、温度や時間、長さ、重さは連続データです。円で表した金額は、円未満の端したはありませんから、離散的データです。しかし、大きな金額になると、近似的に連続データと見なしてもよいようになります。これは人数や個数についても言えます。

4 つの尺度のまとめ

　以上で学んだ 4 つの尺度を表 1 にまとめます。可能な演算の欄を見ると、名義尺度、順序尺度、間隔尺度、比率尺度の順に、可能な演算（操作）が増えていくことがわかります。また、間隔尺度や比率尺度から大小比較によって順位尺度を求めることはできますが、その逆はできないことに注意してください。順位にすることによって情報が減るのです。そのように単純な情報に集約することが、ランキングがもてはやされる理由でしょう。その反面、後のコラムで述べるような落とし穴も生じます。

表 1　名義尺度、順序尺度、間隔尺度、比率尺度の性質

	質的か 量的か	離散的か 連続か	可能な演算			
			等・不等	大小比較	差、平均	比率
名義尺度	質的	離散的	○	×	×	×
順序尺度	質的	離散的	○	○	×	×
間隔尺度	量的	両方ある	○	○	○	×
比率尺度	量的	両方ある	○	○	○	○

[演習 1.1] 次の (a) ～ (j) は、名義尺度、順序尺度、間隔尺度、比率尺度のどれでしょう?

　(a) 年齢　(b) ホテルの室番号　(c) 地震の震度　(d) 西暦の年

　(e) 偏差値　(f) 一つの野球チームの各選手の背番号　(g) 角度

　(h) 柔剣道や囲碁将棋の段・級　(i) 気圧　(j) 速度

　演習の解答は、講の終わりにあります。

[演習 1.2] 上で例に挙げた数値や演習 1.1 に出てきたもの以外の、名義尺度、順序尺度、間隔尺度、比率尺度を見つけましょう。

コラム 1.1　事例研究　PISA ショックとゆとり教育批判

　ランキングにはさまざまな問題があります。事例研究 (ケーススタディ) として、2004 年の PISA ショックによって起こったゆとり教育批判を取りあげて、問題点を考えてみましょう。

　PISA とは、OECD (経済協力開発機構) が進めている国際的な学習到達度に関する調査です。Programme for International Student Assessment を略して PISA と呼ばれています。参加した各国の 15 歳の生徒について、2000 年から 3 年おきに、読解力、数学的リテラシー、科学的リテラシーの 3 つが調査されました。知識を見るというよりは、その活用力を見る問題が出されています。

　最初の 2000 年の PISA では、日本は読解力 8 位、数学的リテラシー 1 位、科学的リテラシー 2 位でした。しかし、2003 年の PISA の結果では、読解力が 8 位から 14 位へ、数学的リテラシーでは 1 位から 6 位へ落ちてしまいました。科学的リテラシーは 2 位で変わりませんでしたが。そのため、

日本の教育界や教育に関心をもつ人々に大きな衝撃を与えました。さらに、2006 年の PISA では、読解力 15 位、数学的リテラシー 10 位、科学的リテラシーも 6 位と、もっと下がってしまいました。

　ちょうど日本では、1998 年の学習指導要領によって、小中高の週 5 日制が始まり、総合的学習が導入されたこともあって、各教科の時間数も授業内容も大きく減らされました。21 世紀を見すえて、知識の習得から生きる力をつける方向へ舵を切ったのです。俗に「ゆとり教育」と呼ばれました。2003 年 PISA の結果が 2004 年に公表されると、「ゆとり教育によって生徒の学力が落ちた」という声が巻き起こりました。マスコミもこれに同調しました。文部科学省はその後、授業時間数や授業内容を増やすなど、つぎつぎと学力回復の手を打っていくことになります。

　国別の順位と得点を調べてみましょう。表 2 に 2000 年の PISA の結果、表 3 に 2003 年の結果を示します。

　表 3 を見てまず気づくことは、2003 年の読解力と数学的リテラシーにおいて、日本の順位付近では、得点のわずかな差によって順位が決まっていることです。実際、表 2, 3 の出典に示した国立教育政策研究所（日本におけるPISA の実施母体）の資料では、次のように書いています。日本の得点は、読解力においては 9 位のオランダから 13 位のスイスまでと、数学的リテラシーにおいては 1 位の香港から 5 位のリヒテンシュタインと、統計的に有意な差はない（「統計的に有意な差」については、第 10 講で説明します）。

　次に、表 3 において読解力または数学的リテラシーで日本より上位にある国のうち、香港とオランダは 2000 年の PISA には参加していません。これらの国より日本が下位でもいいと言うつもりはありませんが、この 2 国が参加したために日本の順位が下がっていることは事実です。PISA の参加国は初回の 2000 年が 32 国、2003 年は 41 国、2006 年は 57 国と、しだいに増えています。参加国数が違うなかでの順位の比較は、公平とは言えません。

　表 2 と表 3 の各能力における日本の得点を比較してみましょう。読解力は522 点から 498 点へ、数学的リテラシーは 557 点から 534 点へと、どちらも下がっています。科学的リテラシーは 550 点から 548 点へと、ほとんど変わっていません。公表されている PISA の得点は、粗点を全受験者の平均値が 500、標準偏差が 100 になるように換算しています（偏差値の出しか

表2　2000年PISAの国別順位と得点

	総合読解力	得点	数学的リテラシー	得点	科学的リテラシー	得点
1	フィンランド	546	日本	557	韓国	552
2	カナダ	534	韓国	547	日本	550
3	ニュージーランド	529	ニュージーランド	537	フィンランド	538
4	オーストラリア	528	フィンランド	536	イギリス	532
5	アイルランド	527	オーストラリア	533	カナダ	529
6	韓国	525	カナダ	533	ニュージーランド	528
7	イギリス	523	スイス	529	オーストラリア	528
8	日本	522	イギリス	529	オーストリア	519
9	スウェーデン	516	ベルギー	520	アイルランド	513
10	オーストリア	507	フランス	517	スウェーデン	512

出典：https://www.mext.go.jp/component/b_menu/other/_icsFiles/afieldfile/
2018/01/04/1245809_001.pdf

表3　2003年PISAの国別順位と得点

	総合読解力	得点	数学的リテラシー	得点	科学的リテラシー	得点
1	フィンランド	543	香港	550	フィンランド	548
2	韓国	534	フィンランド	544	日本	548
3	カナダ	528	韓国	542	香港	539
4	オーストラリア	525	オランダ	538	韓国	538
5	リヒテンシュタイン	525	リヒテンシュタイン	536	リヒテンシュタイン	525
6	ニュージーランド	522	日本	531	オーストラリア	525
7	アイルランド	515	カナダ	532	マカオ	525
8	スウェーデン	514	ベルギー	529	オランダ	524
9	オランダ	513	マカオ	527	チェコ	523
10	香港	510	スイス	527	ニュージーランド	521
11	ベルギー	507	オーストラリア	524	カナダ	519
12	ノルウェー	500	ニュージーランド	523	スイス	513
13	スイス	499	チェコ	516	フランス	511
14	日本	498	アイスランド	515	ベルギー	509
15	マカオ	498	デンマーク	514	スウェーデン	506

出典：https://www.mext.go.jp/b_menu/ toukei/001/04120101.htm

たと同じやりかたです）。ですから、毎回の得点を偏りなく比較できそうですが、上に述べたように参加者の国が変わっていますので、必ずしもそうは言えません。

　上の説明でわかるように、順位の上下だけを取りあげて大騒ぎしたのは問題です。このPISAショックによるゆとり教育批判によって、わが国の小中高の教育の方向がかなり変わったわけですから。確かに得点も下がっています

が、そこまで見ての議論は少なかったと思います。

　もっと問題なのは、ゆとり教育と呼ばれる1998年学習指導要領は、小中では2002年度から、高校では2003年度から実施されていることです（学習指導要領が決まってから、教科書会社が教科書を作り、教科書検定を行い、採用する教科書を決めて先生が授業の準備をするには、それくらいの時間的余裕が必要なのです）。PISAは高校1年生が受けていますから、PISA2003の結果は、ゆとり教育を中3以降の1年ちょっと受けた生徒の学力を表しています。むしろ、その前の学習指導要領での学力を見ているのではないでしょうか？　2006年PISAの結果は、ゆとり教育を小学校6年から4年あまり受けた生徒の学力と言えますが。

　しかし、ゆとり教育の影響を見るとしたら、小学校低学年からそれを受けた2009年や2012年のPISAの成績がもっとよく表しているでしょう。2008年に次の学習指導要領が示され、2011年から小学校で、2012年から中高で「脱」ゆとり教育が始まっています。

　表4に、ゆとり教育を受けた年数と、読解力・数学的リテラシー・科学的リテラシーの順位と得点を対照して示しました。参加国・地域数も参考のために記してあります。ゆとり教育年数の$+\alpha$というのは、日本におけるPISAの実施月が示されていないため、4月から実施月までの分を表しています。

　これを見ると、次のことがわかります。

・読解力については、**ゆとり教育を受けた年数が長いほど成績が良い。**

・数学的リテラシーと科学的リテラシーについても、「ゆとり教育を受けた年数が長い時期は成績が悪い」とは言えない。

　ゆとり教育の是非を議論することは、この本の目的ではありません。ただ、

表4　ゆとり教育を受けた年数とPISAの成績との対照

年	ゆとり教育年数	読解力		数学的リテラシー		科学的リテラシー		参加国・地域数
		順位	得点	順位	得点	順位	得点	
2000	$0+\alpha$	8	522	1	557	2	550	32
2003	$1+\alpha$	14	498	6	534	2	548	41
2006	$4+\alpha$	15	498	10	523	6	531	57
2009	$7+\alpha$	8	520	9	529	5	539	65
2012	$9+\alpha$	4	538	7	536	4	547	65
2015	$6+\alpha$	8	516	5	532	2	538	72
2018	$2+\alpha$	15	504	6	527	5	529	79

出典：国立教育政策研究所のウェブデータから、著者がまとめた。

事実に基づいた意見であるかどうかを吟味することは、データリテラシーの基本です。

コラム1.2　ランキングに振り回されないようにしよう

　コラム 1.1 の事例研究で学んだように、順位だけを見て一喜一憂するのはどうかと思います。ランキングは相撲の番付以来、日本人の好みです。江戸時代にはこれに倣った○○番付がたくさん作られました。今では、さまざまなランキングを目にします。ヒットチャートのランキング、テニスやゴルフの選手のランキングなどのように、順位が実績で決まるものもあります。

　でも、全国の市の住みやすさランキングとか、国別や都道府県別の幸福度ランキングとか、国別の男女間格差（ジェンダーギャップ）ランキングとか、世界の大学ランキングとかは、どのようにして作られるのでしょうか？　それらは、いくつかの指標（間隔尺度か比率尺度）を、数値の範囲を揃えるため偏差値化して、合計で得点を出します。重要な指標に重みをつけて加重平均をとることもあります。その得点の大きさを順位で表すわけです。

　したがって、ランキングの順位は、

(1) どのような指標を集めるか

(2) それらにどのような重みを与えるか

によって決まります。使う指標の種類や重みを変えれば、順位は変わります。指標の種類や重みは、これが正解というものはありません。それらをある程度変えてもあまり変わらない順位だけが、信用できるものです。

　「付録　さらに勉強したいときは」(3) には、2000 年前後の都道府県の豊かさに関する 8 つのランキングの順位が一部示されています。たとえば、神奈川県は 3, 7, 7, 33, 36, 38, 44, 44 位、大阪府は 4,7, 23, 23, 36, 42, 43, 44 位です。それを見れば、ランキングの順位で一喜一憂することがいかに馬鹿らしいか、わかります。

　順位だけでなく得点も表示してあるランキングが普通ですが、得点を出すための指標や計算方法まで明示してあるランキングは多くありません。上に述べたように、指標の選択と計算方法によって得点が、ひいては順位が変わるのですから、指標と計算方法を明示することが求められます。そうでないランキングは、単なる話のタネ程度に考えておくほうが良いでしょう。

ランキングに関わる問題を、もう２つの例で見てみましょう。

　［例１］大学ランキングでは、イギリスの専門紙 THE（Times Higher Education）によるものが有名で、日本のメディアでもよく引用されます。しかし、このランキングについては次の意見があります[2]。当時のブレア政権は、今後は大学もグローバル化して、優秀な留学生の奪い合いになるだろうと考えました。そこで、国家戦略の一環として、イギリスの大学のブランドが高くなるようにランキングを始めたのです。英語圏の大学は留学生獲得に有利ですが、さらにそれを増幅するような指標や重みを選んでいると思われます。

　文部科学省は、このランキングにおける有力大学の順位を上げるために、予算の傾斜配分を行っています。しかし、問題の本質は、ランキングの順位ではなく、日本の大学教育全体が世界の標準から大幅に後れをとっていることなのですが。

　［例２］文部科学省が行っている全国学力調査の結果は、都道府県別には公表されています。2019 年の結果では、秋田県と石川県が正答率[3]69.33%で同率１位でした。東京都は正答率 66.25% で６位でした。この結果を見て、（上位の県の努力には敬意を表しますが）東京都が６位なのは不思議だと思いませんか？　次の演習でその理由を考えてみましょう。

[演習 1.3] 実施母体の国立教育政策研究所の報告書には、都道府県別のデータとして、公立校の分だけが記載されています。公立の生徒だけの結果だと、大都市圏の都道府県は低目に出る可能性があります。どうしてでしょうか？

　マスコミなどが、学力調査の都道府県別の結果を報道するときは、それが公立校だけのデータであることを明示しません。明示したとしても、上の演習のような深読みをする人は少ないでしょう。

[演習 1.4] 市（東京都の区を含む）の住みやすさランキングでは、得点の計算に使われた指標と、それらの重みがすべて１であることが記されています。どのような指標が使われているのか、調べてみましょう。

2　苅谷剛彦：『オックスフォードからの警鐘　グローバル化時代の大学論』、中公新書ラクレ、2017、終章
3　小中合わせた全科目の平均正答率

第 1 講のまとめ

・数値には、名義尺度、順序尺度、間隔尺度、比率尺度の類別がある。

・それぞれの尺度にたいして、可能な演算が決まっている（表 1）。

・ランキングの順位に振り回されないようにしよう。

演習の解答

[演習 1.1] (a) 比率尺度　(b) 名義尺度　(c) 順序尺度　(d) 間隔尺度　(e) 間隔尺度　(f) 名義尺度　(g) 比率尺度　(h) 順序尺度　(i) 間隔尺度　(j) 比率尺度

　(d) 西暦の年は、比率尺度だと考える人もいるかもしれません。西暦の原点（0年はないので 1 年）を基準にして、西暦 2000 年は西暦 1000 年の 2 倍経っていると言えそうです。しかし、西暦 1 年が特別な基準点であると考えることはできません。

　(i) 気圧は、mb（ミリバール）で表されます。原点として 0mb がありますから、本来は比率尺度です。しかし、天気予報に出てくる気圧は 1000mb±100mb くらいですから、950mb は 1000mb よりも 50mb 低いとは言っても、5% 低いとは言いません。

[演習 1.2] 解答は省略します。

[演習 1.3] 大都市圏の都道府県では、多くの生徒が私立へ進みます。私立の生徒は学力が高い層が多いと考えられますから、公立だけのデータでは得点が低めに出る可能性があります。公立だけのデータしか発表されていない以上、これは仮説に過ぎませんが。ちなみに、愛知県は 34 位、正答率 63.00%、大阪府は 46 位、正答率 62.17% でした。

[演習 1.4] 解答は省略します。

第 2 講 どう示すか？ 値そのもの、相対値、比率、単位あたり

数値の示しかた

この講では、間隔尺度や比率尺度の数値を示すときに、どのような示しかたをするのが良いかを考えます。

値の示しかたには、次のような選択肢があります。これらをいくつか組み合わせて表示する方法もあります。

(1) 値そのもの

(2) ある基準値と比較した差（**相対値**）

(3) ある基準値と比較した**比率**

(4) (3) の相対値（**相対比率**）

(5) 何かの**単位あたり**の値

悪い例から見ていきましょう。

【例題 2.1】こんな報道がありました。「1994 年からの 20 年間に、アラスカ州全体で 1 年あたり 750 億トンもの氷河が失われた」。 何が問題でしょうか？

[解答] 750 億トンの氷河って、どのくらいの量か見当がつきますか？ アラスカ州全体でどれだけの氷河があって、20 年間でその何パーセントが失われたかが示されないと、どれくらい深刻な問題かわかりません。パーセントがわかれば、そのペースで氷河の消失が続くと、あと何年でアラスカ州から氷河が消えるといった推測も可能になります。

つまり、この例では、(1) 値そのものだけでなく、 (3) ある基準値と比較した比率も示すべきでした。(3) は、ここでは全体にたいする割合になっています。

【例題 2.2】この報道はどうでしょう？ 「○○県の昨年の倒産件数は、一昨年よりも 32 件減りました。景気が回復しつつあることを示しています」。

[解答] 一昨年の倒産件数はどれだけだったのでしょう？ 100 件が 32 件減って 68 件になったのなら、景気の大きな回復のきざしです。しかし、500

件が 468 件になったのなら、景気の回復を示すとは言えず、偶然の変動かもしれません。

　この例では、(2) 基準値と比較した相対値だけが示されています。(1) 値そのものか、基準値も示すべきでした。

[演習 2.1] イタリア北部の州によってコロナウイルス対策が異なり、それによって感染者数・死者数が大きく違ったという記事です。ベネト州が先行するモデルとなった。同州の感染者数は 8 月 3 日までに約 2 万人、死者は約 2 千人だ。感染爆発を起こした隣のロンバルディア州の感染者はベネト州の約 5 倍、死者数は約 8 倍に上る。

　批判してください。

相対値、比率、相対比率

　絶対値に意味がなく、相対値だけ意味があるデータもあります。地球温暖化で言われる地球全体の平均気温というのは、絶対値に意味がなく、産業革命前と比べて 1.5℃上昇のような相対的な値だけが意味があるのだそうです。

　データの時間的変化を見るのに、ある時点の値を基準 100 として、それにたいする相対的な比率で表したグラフはよく見かけます。

　比率については、「63% 減った」と「63% に減った」とは間違いやすいので、書く側・話す側も、読む側・聞く側も注意すべきです。「63% 減った」ですと、「基準値（昨年とか前月とか）の 37% になった」という意味です。「63% に減った」ですと、文字どおり「基準値の 63% になった」という意味です。テレビで「63%↓」という表示を見ましたが、どちらなのか誤解する人もいると思います。

　比率で表されている値について、前回と比較する場合を考えます。「景気が良いと答えた企業の割合は、前回の 55% から 47% に、8 ポイント下がりました」という言いかたをします。8% 下がったと言うと、55% の 8%、すなわち 4.4% 下がったと誤解されるおそれがあるからです。つまり、% の差を % で表すと混乱するので、% の差はポイントと呼んでいるのです。

相対値や比率で表す場合には、基準を何にとるかも注意すべきときがあります。季節変動の大きい値については、前月でなく昨年同月と比較するのが妥当です。たとえば、ビールの売り上げとか、観光客数とかはそうです。時間的な比較でなく、例題2.1で述べた、全体にたいする割合の場合もありますので、データを読むほうも何と比較しているのか気をつけないといけません。

軽いクイズをやってみましょう。

[演習 2.2]

(a)「ポイントを10%付けます」と「10%値引きします」では、どちらが得でしょう?

(b) アメリカでは、"two for one" セールというのがよくあります。1 個分の料金で 2 個買えるというセールです。50% 値引きとどちらが得でしょう?

(c) 20% 値上げした商品を 20% 引きで売りました。元の儲けと同じでしょうか?

値そのものと単位あたりの値

隣り合う A 市と B 市があります。A 市の市長が「A 市の公園面積は 52 万 m^2 あるけれども、B 市は 35 万 m^2 だから、A 市のほうが公園が広い」と言ったとします。A 市は B 市に比べて人口で 5 倍、面積で 3 倍あるとしたら、B 市の市長や市民から苦情が出るでしょう。

こんな配慮は当然と考えられますが、世の中にはそうでない例がけっこう見られます。

[例 1] 社長になった卒業生の多い大学ランキング

卒業生が多ければ、社長になった人も多いでしょう。毎年 10 万人が卒業する大学と、毎年 1,000 人が卒業する大学とで、社長になった卒業生の「数」を比較するのは公平でありません。卒業生 1 万人あたりの社長の人数で比較すれば公平ですが、そういうデータは見たことがありません。

[例 2] 私が住んでいる静岡県は、交通事故の発生件数は全国で 5 位(2019年)です。しかし、車保有台数あたりとか、人口あたりの交通事故件数では毎年トップになっています。静岡県警はいつも「ワースト 1 脱出」というキャンペーンをやっています。静岡県は東西に長く、国道 1 号、東名、新東名が走っているため、県外の車の交通量が多く、それによる事故件数が含まれます。「ワー

スト1脱出」はなかなか困難のようです。

[演習 2.3] 交通事故死者数と人口あたりの交通事故死者数の、都道府県別の値を調べてみましょう。

区間の端の表現

いくつからいくつまでというような区間の表示においては、端が含まれるのかどうかを明示する必要があります。

「以上」「以下」は、端を含む

「超える」「未満」は端を含まない

ということは、算数か数学で習うはずですが、きちんと理解していない人もいるようです。大事な場合には、くどいようですが、「3時間以上、4時間未満。3時間は含むが、4時間は含まない」と書くほうが良いかもしれません。

[演習 2.4] 店で「発行日から10日間有効」という5%引き券をもらいました。10日間には発行日を含むのでしょうか、含まないのでしょうか？　発行日が1日だとすると、有効なのは10日まででしょうか、11日まででしょうか？

[演習 2.5] ごみの集積場に「1月5日までごみは出せません」という表示がありました。あなたは、1月5日はごみが出せると思いますか、出せないと思いますか？

コラム 2.1　GDPと1人あたりGDP

　日本のGDP（国内総生産）が、米国、中国についで第3位であることはよく知られています。表5(a)に、IMFによる2020年のGDPランキングの上位10国を、人口とともに示します。人口は国連による2019年のデータです。

　これにたいして、国民1人あたりのGDPでは、日本は23位（2020年）であることはあまり知られていません。表5(b)に、IMFによる2020年の1人あたりGDPランキングの上位25国と、各国の人口を示します。

　国民1人あたりのGDPは、**生産性**とも呼ばれます。日本の生産性は欧米先進国に比べて低いとは、よく指摘されるところです。

表 5(b) には、人口がきわめて少ないルクセンブルグ、アイスランド、サンマリノが含まれています。これらの国は除いて考えるべきだと思いますが、それでも日本は 20 位です。

表 5(a)　2020 年名目 GDP ランキングと人口

順位	国	GDP (1 兆 US$)	人口 (百万人)
1	米国	20.9	329
2	中国	14.7	1434
3	日本	5.0	126
4	ドイツ	3.8	84
5	イギリス	2.7	68
6	インド	2.7	1366
7	フランス	2.6	65
8	イタリア	1.9	61
9	カナダ	1.6	37
10	韓国	1.6	51

出典：https://www.globalnote.jp/post-1409.html
　　　https://www.globalnote.jp/post-1555.html

(b)　2020 年 1 人あたり名目 GDP ランキングと人口

順位	国	1 人あたり GDP (千 US$)	人口 (百万人)
1	ルクセンブルグ	117	0.62
2	スイス	87	8.6
3	アイルランド	84	4.9
4	ノルウェー	67	5.4
5	米国	63	329
6	デンマーク	60	5.8
7	アイスランド	60	0.34
8	シンガポール	59	5.8
9	オーストラリア	53	25
10	オランダ	52	17
11	カタール	52	2.8
12	スウェーデン	52	10
13	フィンランド	49	5.5
14	オーストリア	48	9.0

15	香港	47	7.4
16	ドイツ	46	84
17	サンマリノ	45	0.034
18	ベルギー	45	12
19	イスラエル	44	8.5
20	カナダ	43	37
21	ニュージーランド	41	4.8
22	イギリス	40	68
23	日本	40	126
24	フランス	40	65
25	マカオ	36	0.64

出典：https://www.globalnote.jp/post-1339.html
https://www.globalnote.jp/post-1555.html

GDP と 1 人あたり GDP の意味

　GDP と 1 人あたり GDP のもつ意味を考えてみましょう。国際社会における経済的影響力という点では、GDP の総額のほうが意味をもちます。経済的影響力は政治的影響力にも反映されるでしょう。世界経済での中国の影響力が強まっているのは、GDP が世界の第 2 位、米国の 70%、日本の 2.9 倍あることが理由です。

　中国の GDP が大きい理由は、人口が多いことにあります。中国は 14.34 億人で、米国の 3.29 億人の 4.3 倍、日本の 1.26 億人の 11.3 倍いますから。GDP でインドが 6 位、表にはありませんが、ブラジルが 12 位に入っているのも、人口による効果です。

　実は、日本が GDP 世界第 3 位でいられるのも、人口による効果があります。表 5(b) に示すように、1 人あたり GDP はドイツ、イギリスや他のいくつかのヨーロッパ諸国よりも下位にあります。それでも GDP 総額ではそれらの国より上位にあって、世界経済への影響力を保っているのは、それらの国より人口が多いからです。

1 人あたり GDP は生産性？

　しかし、今後日本の人口は減っていくと予測されています。

　　GDP ＝ 1 人あたり GDP　×　人口

という式が成り立ちますから、1人あたり GDP が変わらないとすると、人口が減るとそれに比例して GDP が減少します。もちろん、他の国も人口が減っていきますから GDP が減りますが、日本の人口減少が最も早く最も急激ですから、GDP 総額において日本は相対的に不利になります。

　人口が減っていくなかで GDP を減少させないためには、1人あたりの GDP、すなわち生産性を高めるしかありません。政府や経済界がさかんに「イノベーション」と唱えているのは、そういう理由です。

　上の式はもっと正確には次のように書くべきかもしれません。

GDP ＝ 生産年齢人口 1 人あたり GDP ×　生産年齢人口

生産年齢人口（working-age population）とは、人口から生産に携われない未成年者と高齢者を除いた人数です。生産年齢人口は、国際的に 15 歳から 64 歳までと決まっているようです。日本は世界で最も早く、最も急速に生産年齢人口が減少していきます[1]。

[演習 2.6] 国全体の値と、国民 1 人あたりの値の両方を見るほうが良いデータは、他にもあります。たとえば、国別と国民 1 人あたりの二酸化炭素の排出量を調べてみましょう。

[演習 2.7] いくつかの市の市立図書館の蔵書数、年間貸し出し冊数、人口を比較したデータがあるとします。

　次の各データの意味を、上のコラムでの議論を参考に考えてください（無意味なものもあります）。

　　・蔵書数
　　・1 人あたり蔵書数
　　・年間貸し出し回数
　　・1 人あたり年間貸し出し回数

1　データブック国際労働比較 2019（https://www.jil.go.jp/kokunai/statistics/databook/2019/02/d2019_T2-04.pdf）

第 2 講のまとめ

・値をどう示すかを考えないといけない。値か、相対値か、比率か、相対比率か、単位あたりの値か。それらの組合せが適切なときもある。

・区間の端の表現に注意しよう。

・値と単位あたりの値とは、それぞれ別の重要性をもつ場合がある。たとえば、GDP と 1 人あたりの GDP。

演習の解答

[演習 2.1] 人口の差が考慮されていません。人口が多ければ、感染者数も死者数も多いでしょう。ロンバルディア州は約 1,000 万人、ベネト州は約 400 万人で、2.5 倍の差があります。人口比で考えると、感性者数は約 2 倍、死者数は 3 倍強と見るべきです。

[演習 2.2]

(a) 100 円の商品で考えます。10% ポイントをもらうということは、110 円にたいして 10 円の値引きに相当し、9.1% の値引きです。ですから、100 円の商品を 10% 引きの 90 円で買うほうが得です。

(b) 2 個必要なときは、同じです。でも、"two for one" セールでは、ついつい要らない分まで買ってしまいがちです。そこが売る側のつけめです。

(c) これも、元の値段が 100 円で考えます。20% 値上げすると 120 円になります。これを 20% 引きで売ると、120 円 ×0.8 = 96 円となって、元の 100 円より 4 円安く売ったことになります。

[演習 2.3] 解答は省略します。

[演習 2.4] 私は 10 日までと思ったのですが、店の人は 11 日までのつもりだったそうです。

[演習 2.5] 以前に学生に訊いたところ、二手に分かれました。

[演習 2.6] 解答は省略します。

[演習 2.7] 人口が多い市が蔵書数は多い傾向にあるでしょう。利用者から見れば、読む本の選択肢がそれだけ多いことを意味します。人口あたりの蔵書数が多い市は、図書館にそれだけ力を入れていることを示しているでしょう。年間貸し出し冊数は、人口が多ければ当然多いでしょうから、意味がありません。1 人あたり年間貸し出し冊数の多さは、市が図書館に力を入れていることや、市民が図書館をよく利用することを示します。

誤差とは

　連続値をとる間隔尺度と比率尺度の数値には誤差がつきものです。ふつう、示された数値は、正確にそのとおりではなく、真の値はその近くにあります。示された値と真の値との差を**誤差**（error）と呼びます。

　誤差には、測定誤差、計算誤差、丸め誤差があります[1] 。

　測定誤差（measurement error）というのは、物理量を測るときに生じる誤差です。ものさしで長さを測るとき、0.1mm 単位で正確に測ることは無理でしょう。ストップウォッチで時間を測るとき、0.1 秒単位まで正確に測るには練習が必要です。体重計はふつう 0.1kg の単位まで表示されますが、0.1kg 単位まで正確かどうかは疑問です。

　長さも時間も体重も、連続的な値です。陸上短距離や水泳の公式競技会では、記録が 0.01 秒の単位まで表示されます。ストップウォッチで測ったら 10.1 秒であったけれども、記録表示は 10.07 秒であったとします。10.07 秒が真の値だと仮定すると（本当はこれにも誤差があるはずです）、ストップウォッチで測った値は 0.03 秒の誤差を持っています。

　計算誤差（error in calculation）というのは、誤差のある数値を使って計算をした結果にともなう誤差です。そのなかで注意すべきなのは、桁落ちと呼ばれる現象です。これは後で説明します。

　丸め誤差（rounding error）の例を挙げます。円周率 π は 3.14159…ですが、159…を四捨五入してしばしば 3.14 と近似されます。3.14 は –0.00159 …という誤差をもつわけです。このように、ある桁より下を四捨五入したり、切り上げ、切り捨てしたりして、桁数の少ない値で表示したときに生じる誤差を、丸め誤差と言います。

1　このほかに、第 9 講に出てくる確率的な誤差があります。

第 1 講で説明したように、人数とか個数のように離散的な値でも、大きくなると連続値に近いとみなすことができ、誤差が入ってきます。コラム 2.1 で、日本の人口は 1.26 億人と書きましたが、これはぴったり 126,000,000 人というわけではないですね。1.26 の次の桁を四捨五入して 1.26 億人と表示したのです。

誤差のある数値の表示

　表示する数値にどれくらいの誤差が含まれているかを示すには、○○ ± △△という書きかたが用いられます。たとえば、上にあげた日本の人口の表示では、1.26 ± 0.005 億人と書けます。あるいは、1 億 2600 万 ± 50 万人と書いてもいいです。これを見た人は、1 億 2550 万人から 1 億 2650 万人のあいだにあると理解します。測った長さが 16.3cm で、でも 0.2cm くらいの誤差はありそうだと思ったら、16.3 ± 0.2cm と表示すればよいのです。

　2020 年のアメリカ大統領選挙のように接戦の場合には、予想得票率を A 候補 49% ± 1.5%、B 候補 51% ± 1.5% のように誤差も表示すべきだったでしょう。誤差の表示のない場合に比べて、A 候補が勝つ可能性もあることが明確になります。

　2 つの数値が、区別する意味がないほど近いときには、「誤差の範囲内だ」という言いかたがされます。

　相対誤差（relative error）で表すこともあります。1m の誤差でも、それが真の値 100m にたいするものか、10,000m にたいするものかで、正確さが違うからです。（誤差 / 真の値）を相対誤差と言います。しかし、真の値がわからないことが多いので、そのときには（誤差 / 測定値など）で近似します。相対誤差にたいして、これまで述べてきた誤差は**絶対誤差**（absolute error）と呼ばれます。

　北極から赤道までの経線に沿った長さは 10,001,966m です（国立天文台編：『理科年表 2021』）。1m という長さは、1795 年にフランスが、北極から赤道までの経線に沿った長さの 1 / 10,000,000 として決めました。ほぼ 0.02%の相対誤差であったわけです。現代のわれわれから見ても、驚くべき正確さです。

有効数字、有効桁数

1.26 億人は、アラビア数字だけで書けば 126,000,000 となります。しかし、6 つの 0 は位取りを表しているだけで、0 という値を表してはいません。値として意味があるのは、最初の 3 桁 1, 2, 6 だけです。これらを**有効数字**（significant figures）と言います。また、有効数字の 3 桁を**有効桁数**と言います。6 が有効数字や有効桁数に含まれると言っても、6（600 万）のところまで正確だという意味ではありません。次の桁を四捨五入して 6 としたのですから、5 である可能性もあります。しかし、それでも 6 を有効数字、有効桁数に含めます。

測った長さが誤差も含めて 16.3 ± 0.2cm という場合には、有効数字、有効桁数はさらに微妙です。1 と 6 は正確ですが、3 は 1 ～ 5 のどれでもあり得ます。しかし、有効数字は 1 と 6 だけであるとすると、四捨五入して 16cm になる範囲がすべて入ってしまいます。そこで、この場合、3 も有効数字、有効桁数に含めることが多いようです。つまり、3 の近辺だよということを表している有効数字です。「近辺」とはどの範囲を指すのかについて、はっきりとした決まりはありません。このように、有効数字、有効桁数というのは、多少あいまいな概念です。

[演習 3.1] 例題 2.1 で出てきた「アラスカの氷河 350 億トン」の有効数字はどれでしょうか？

【例題 3.1】 博物館で案内人が「これは 4013 年前のミイラです」と言いました。「なぜそんなに正確にわかるの？」と訊いたら、「13 年前この博物館に勤めたとき、前館長がこれは 4000 年前のミイラだと言いましたから」。

これを読んで笑った人は、有効数字、有効桁数の概念が理解できています！

桁落ち

最近の日本の総人口（外国人を含む）を有効桁数 5 桁で見てみましょう。2021 年 4 月 1 日の概算値は 1 億 2541 万人です。2020 年 4 月 1 日の総人口は 1 億 2593 万人でしたから、1 年で 52 万人減りました。1 億 2593 万人

も1億2541万人も有効桁数5桁ですが、差の52万人は有効桁数が2桁しかありません。近い値のあいだで差をとると、有効桁数が減ってしまう現象を**桁落ち**（cancellation of significant digits）と言います。手計算や電卓で計算していると気がつきますが、コンピューターで計算しているときには気づきにくいので、注意が必要です。

「どんな注意をすればいいの？」ですって？　困りましたね。コンピューターで計算したから正しいとは思わないで、常識を働かせて、「何となくおかしい」と気づく感覚を養うしかないでしょう。

有効桁数を考慮していない例

【例題 3.2】 表 6(a) は、あるアンケートで5つの設問にたいして、それぞれ賛成と答えた人の割合を男女別に表示したものです。女の欄を見て、何か気がつきませんか？

表6　あるアンケートの集計結果

(a)				(b)		
設問	男	女		設問	男	女
1	54.2%	42.9%		1	0.542	0.429
2	12.0%	14.3%		2	0.12	0.143
3	27.7%	50.0%		3	0.277	0.5
4	8.4%	7.1%		4	0.084	0.071
5	92.8%	71.4%		5	0.928	0.714

［解答］7.1% という値があります。他の値は 7.1% のほぼ整数倍になっています。42.9% は6倍、14.3% は2倍、50% は7倍、71.4% は10倍にほぼ一致します。少し大きめなのは、7.1% が 7.14% を四捨五入して表示してあるからでしょう。

なぜこのようになっているかと言うと、女の回答者数が 1 / 0.071 ≒ 14 人だからです。賛成と答えた人数は、上から 6, 2, 7, 1, 10 人だとわかります。男のほうの値にはこのような規則性はありませんから、回答者数がもっと多いのだろうと推測できます。

回答者数が 14 人のように少ない場合には、賛成率の表示には有効数字が

ほぼ 1 桁しかありません。2 桁とか 3 桁表示することによって、回答者数が少ない、したがってこのアンケート結果は、女については信頼性が低いということがバレてしまいます。私は、たとえば全数が 200 くらいまでにたいする割合の表示は、整数値の % でよいと思っています。

　% 表示において、1% 以上の誤差があり得る値のときにも、整数値にとどめた % 表示にすべきです。第 9 講で取りあげる、ランダムさが入ったり、世論調査やテレビの視聴率のように標本抽出していたりするために、誤差が入る場合です。

小数点下の余分な 0 の表示

　表 6(b) は、(a) と同じ結果を % でなく、小数値として表示したものです。気がついたことはありませんか？　0.5 は有効桁数 1 桁、0.12 は有効桁数 2 桁で表示されています。他の表示は有効桁数 3 桁なのに。表 5 はマイクロソフト社の Excel で作成しました。Excel では、普通に数値を入力すると、このように小数点下の 0 を表示しません[2]。これは、有効数字という考えかたからすると、良くありません。

　一般に、0.500 と表示されていれば、5, 0, 0 まで有効数字であると解釈されます（この例では 1 桁だけしか意味がありませんでしたが）。誤差はせいぜい ± 0.002 程度だろうと人は思います。これを 0.5 と表示すると、誤差は下位の桁の四捨五入を仮定しても ± 0.05、場合によっては ± 0.2 くらいまであり得ると思われるかもしれません、同じ理由で、0.12 も 0.120 とすべきです。つまり、小数点下の最後の 0 を表示することは、そこまでが有効数字である、したがって誤差がどれくらいであるかを意図的に示すわけです。

2　小数点下の表示桁数を増減する機能を使って、変えることはできますが。

第 3 講のまとめ

・間隔尺度、比率尺度の数値にはふつう誤差がある。

・誤差には、測定誤差、計算誤差、丸め誤差がある。

・誤差を表示するには、○○ ± △△という書きかたをする。

・数値の有効桁数に気をつけよう。有効数字以外の余分な桁を表示しないようにしよう。

演習の解答

［演習 3.1］たぶん 350 億トンの 3 と 5 だと思います。億トンの単位の数字を四捨五入して 5 にしたというのが、一つの可能性です。しかし、50 億トン単位の切りのよい値にした可能性もあります。その場合には、20 億トンくらいの誤差があるでしょう。

第4講　大ざっぱに値をつかもう

日本と世界に関する基本的な数値

　日本や世界に関する**基本的な数値**は、憶えておくと良いでしょう。有効数字1桁か2桁で十分です。

　日本の人口は、1億2千万人を少し超えるくらいです。2020年の出生数は87万人くらいです。2020年の死亡数は138万人でしたから、日本人だけを数えれば、年に50万人くらい減っています。18歳人口はピーク時には200万人を超えていましたが、今は117万人くらいです。大学関係者にとっては怖い数字です。18年間で出生数は117万－87万、約30万人減りました。死亡者数は当面増えていきますから、人口減は年々増えていき、2050年には人口が1億人を切ると予測されています。

　国家予算は、当初予算で年に100兆円を超しています。収入のうち税金その他の収入は70兆円で、残りは国債の発行によって補う予定です。このほかに、何回かの補正予算が組まれます[1]。GDP年額は、このところ500兆円を少し上回る額で推移しています。国の借金は、算定のしかたによって違いますが、1,000兆円とか1,200兆円と言われています。GDP比で240%くらいとはよく耳にするところです。債務の額ではアメリカの半分くらいで2位ですが、GDP比ではダントツの借金大国です。

　世界の人口は、2019年の推計値は77億人です。2030年には85億人に増えると予想されていますので、ときどきデータの更新が必要です。第3講で、北極から赤道までの長さの1千万分の1を1mと決めたことを書きました。ですから、地球の赤道の長さは4万kmです。日本列島は、北海道から沖縄まで、およそ2,000kmにわたっています。

1　コロナ対策以前の平時（？）のデータです。

目の子算に強くなろう

　大ざっぱに計算する能力を鍛えておくことも大切です。私は大学のときに、先生から「工学部の学生は目の子算ができなければいけない」と言われました。「目の子算」は聞き慣れない言葉です。「目の子勘定」のほうが少しは知られています。数十個のものをざっと数えるのに、この辺で 10 個、ここらで 10 個、といった具合にして、50 個から 60 個のあいだだな、などとする数えかたです。

　目の子算は、これと同じように、計算で大ざっぱな値を求めるやりかたです。例で見てみましょう。できる人は暗算で考えてください。答は、有効数字 1 桁合えば十分です。

【例題 4.1】 1 年はおよそ何秒ですか？　1 光年はおよそ何 km ですか？　光の速度は 1 秒間に 30 万 km です。

　［解答］1 分は 60 秒で、1 時間は 60 分ですから、1 時間は 3,600 秒になります。えいやっと切り上げて 4 千秒としましょう。1 日は 24 時間ですから、4 千 × 24 秒になります。24 でなく 25 にすると、切りのいい値 4 千 × 25 ＝ 10 万秒になります。ここで、位を 1 桁間違えて、1 万秒とか 100 万秒にすると致命的です。4 千 × 10 だったら 4 万、4 千 × 20 だったら 8 万、それより少し多いはずだから 10 万、というふうにチェックします（これを暗算でやるのは厳しいかもしれません）。

　そうすると、1 年は 10 万秒 × 365 ですから 3,650 万秒になります。これまで少しずつ多めに掛けてきましたから、ここで少なめに 10 万秒 × 350 ＝ 3,500 万秒としてもいいでしょう。

　正確な答は、60 × 60 × 24 × 365 ＝ 31,536,000 秒です。約 3,200 万秒ですね。上の目の子算は、いい線をいっていると思いませんか？

　上の目の子算を続けると、1 光年は、3,500 万 × 30 万 km です。3,333 万に置き換えると、切りのいい結果になりそうです。厄介なのは、位取りです。万 × 万は億になります。3,333 × 30 は、× 3 だったら 1 万で、その 10 倍ですから 10 万です。結局、10 万 × 万 × 万 ＝ 10 兆 km が答です。

　正確な値は 9.46 兆 km ですから、またもや万歳です！

[演習 4.1] 1 日平均 1 万歩を 30 年間続けると、地球の赤道を何周すること
になりますか？ 歩幅は 80cm とします。上に書いたように、地球の赤道の長
さは 4 万 km です。

[演習 4.2] ある泉源では毎分 90m^3 の湧水があります。25m × 16m × 平均
水深 1.6m のプールに水を張るとしたら、どれだけの時間がかかるでしょうか？

[演習 4.3] 風速を日本では 1 秒あたり何 m（m／秒）と表しますが、アメリカ
では 1 時間あたり何マイルか（mph: mile per hour）で表します。ハリケーン
の風速 70mph は日本の表しかたでは何 m／秒くらいになりますか？ 1 マイ
ルは 1.6km です。

値の推定を含む目の子算

目の子算は、わかっている値を使った計算とは限りません。自分で推定した
値を用いて、求めたい答を大ざっぱに見積もることもよく行われます。これも例
で学びましょう。

【例題 4.2】日本に小学校はいくつあるでしょう？ 中学校は？

［解答］この講のはじめに書いたように、2020 年に 0 歳児は 87 万人、18
歳は 117 万人ですから、小学生はそのあいだを取って 1 学年平均 100 万人く
らいと見ましょう。1 つの小学校に、平均して、各学年とも 1 クラス 35 人で 3
クラスあると仮定します。そうすると、1 学年およそ 100 人です。100 万人を
100 人で割って、小学校数は 1 万校と見積もられました。平均して 2 つの小
学校の生徒が 1 つの中学校に通うとすると、中学校の数は 5 千校となります。
実際には、2019 年で小学校が 1 万 9 千校、中学校が 1 万校あります。見積
もった値はどちらも本当の値のおよそ半分です。でも、それでいいのです。目の
子算では、真の値の 1/3 から 3 倍のあいだに収まればヨシとします。

[演習 4.4] 東海道新幹線ののぞみが 1 時間に 12 本走るダイヤでは、のぞみ
で東京発の乗客を 1 日に最大何人運べることになりますか？

プログラミングの基礎を述べた名著に「封筒の裏の計算」という章があります。

目の子算のように、大ざっぱな値を求めたり見積もったりする計算のことです、封筒の裏にちょこちょこっと書いて計算するからでしょう。アメリカ人は暗算が得意でないようです。

オーダーとは

　例題 4.1 の解答のなかで、「位を 1 桁間違えて、1 万秒とか 100 万秒にすると致命的です」と書きました。このような「桁違い」の桁のことを**オーダー**（order）と呼びます。10 万秒と 100 万秒では「オーダーが違う」と言います。10 万秒と 1,000 万秒では、オーダーが 2 つ違います。

　「目の子算では、真の値の 1/3 から 3 倍のあいだに収まればヨシとする」のは、違いが ± 1/2 オーダーの範囲に収まればいいという意味です[2]。1 オーダー以上、つまり桁が 1 つ以上違ってはいけません。

　本川達雄も、生物学の立場から「現実の世界は正比例ではなく、ケタで変わる。数字のケタが変わったら、さまざまな比率が変わる」と言っています（東京工業大学リベラルアーツセンター篇：『池上彰の教養のススメ』、p.279、日経 BP 社、2014）。

オーダーが違うと質が違う

　私は、経験則として、「オーダーが 1 つ違う（ = 大きさが 1 桁違う）と、量の違いが質の違いに変わる」と考えています。程度の差が程度問題ではなくなってしまう、と言ってもいいでしょう。ある仕事を 1 時間で仕上げてしまう人と、10 時間かかる人では、単に能力の程度の差とは言えない影響が出ます。これが 1 日で終わるか、10 日かかるかとなると、さらに大きな違いになります。

　現実の例として、国の借金について考えます。日本国の借金は GDP 比で 240% くらいだと述べました。ギリシャの債務は GDP 比の大きいほうから第 3 位で、180% くらいです。しかし、日本の GDP は約 5 兆ドルで、ギリシャの GDP は 0.2 兆ドル、日本の 1/25 です。したがって、GDP も国の借金額も、日本はギリシャより 1 オーダー以上多いのです。ですから、日本が財政破綻し

2　3 倍をもう 3 倍すると 9 倍で、ほぼ 10 倍になります。10 倍で 1 オーダー違うのですから、3 倍は 1/2 オーダーの違いです。1/3 は -1/2 オーダーです。

たら、世界経済に及ぼす影響はギリシャの財政危機の比ではありません。実際、日本が財政破綻したとき、「規模が大きすぎて」どこの組織も国も助けようがないのです。

大きな数値はオーダーでつかむ

大きな数値は、日常生活における感覚がないため、大きさを理解しにくいと思います。3 を超す値を表す言葉をもっていなくて、「1, 2, 3, たくさん」となる種族が昔いたそうです。私たちはそれより進歩していますが、70 億人とか、1,000 兆円という値は、「たくさん」としか言いようがない気もします。

このような大きな数値は、図 2(a) に示す普通のものさしではなくて、(b) に示すオーダーのものさし[3]で理解することを勧めます。つまり、どのオーダーにあるかだけに注意を払うのです。10 兆台か 100 兆台か 1,000 兆台か。

[演習 4.5] 図 2(a) の 0 より左はマイナスの数です。0 から左の目盛りは –1, –2,…と続きます。図 2(b) の 1 より左の目盛りを 2 つ書いてください。

(a) 普通のものさし　　　(b) オーダーのものさし

図 2　普通のものさしとオーダーのものさし

大きな数値の理解を助けるために、補助的な方法が 2 つあります。一つは、日常的にわかるものとの比較で表す方法です。「四国くらいの面積の国」とか、「東京ドームいくつ分」といった表現がその例です。もう一つは、単位あたりで表すことです。1,200 兆円という国の借金は、1 人あたり 1 千万円になります。これでも、現実感がないので困りますが。

3　数学の用語では、(a) を線形なものさし、(b) を対数ものさし（log scale）と言います。

コラム 4.1　あるエピソード

　あるとき大学入試センターの見学会がありました。大きなマークシート読取機が十数台並んだ部屋で、こういう説明がありました。この読取機は 1 分間に××枚のマークシートが読めます。600 万枚（この値はうろ覚えです）のマークシートを、読取機を変えて 3 回読みます。3 回の結果が一致していないときは、人がチェックします。24 時間体制でやって、1 週間かかります。

　そのとき、知り合いの情報工学の教授と私が同時に「おかしい！」と言ったのです。「1 週間で終わるはずはない。3 週間かかる」。後で聞いたところ、600 万枚というのは、200 万枚を 3 回読むからで、教授と私は 600 万枚を 3 回読むと受けとったのでした。

　やはり、目の子算は、必要な時間、金、人、面積などをすばやく大ざっぱに見積もるのに役立ちそうです。

第 4 講のまとめ

・日本と世界に関する基本的な数値は憶えておこう。

・目の子算は、大ざっぱな答を求めるときの計算のやりかたである。有効数字 1 桁合えば十分であるが、桁数（オーダー）を間違えたら致命的である。

・目の子算には、自分で推定した値を用いて、答を大ざっぱに見積もることも含まれる。答は、真の値の 1/3 から 3 倍のあいだに入ればよい。

・オーダーという概念を理解し、活用しよう。

演習の解答

[演習 4.1] 歩幅から 1 万歩は 8km にあたります。1 年は 365 日ですが、面倒だから 400 日に切り上げて、その代わり年数を 25 年に減らしましょう。400 日× 25 年は切りのいい値になって、1 万日です。1 日 8km を 1 万日歩くと、8 万 km、赤道を 2 周します。正確な値は 87,600km です。

[演習 4.2] 25m × 16m = 400m^2 です。深さが 1m ならば、400m^3 です。深さを 1.5m で考えてしまいましょう。400m^3 の半分が足されて、600m^3 になります。600 m^3 を 90 m^3 で割ると、約 7 分です。正確な値は、7.11 分です。

[演習 4.3] 70 マイルは、1.6 倍しておよそ 110km です。1 時間に 110km の速度

ですが、60で割りやすいように120kmで考えると、2km／分です。2kmを1,800mで近似して60で割ると、30m／秒となります。正確な値は31.1m／秒で、「猛烈な風」に分類されます。

[演習4.4] 普通席は、最大1列5席 × 20席 ＝ 100席くらいでしょう。16両で1,600席になります。運転席やトイレで削られる分として100席引きます。グリーン車3両は、1列4席で列数も少ないですから、もう100席引いて、のぞみ1編成で1,400席と見積もります。

　21時以降は12本も走らないでしょうから、そこは無視します。6時台から20時台まで毎時12本（不定期を含む）走るとすると、12 × 15 ＝ 180本となります。1,400席を1,500にする代わりに、180本を160本に減らして考えます。160の1,000倍は16万で、160の500倍の8万を足して、24万人となりました。

　実際の値は、1編成の座席数は1,313。運行本数は最大186。掛けて244,218人でした。できすぎでしたね。

[演習4.5] オーダーのものさしの1から左の目盛りは、順に1/10, 1/100, …となります。オーダーのものさしには、0はありません。

第5講 いくつかの数値を1つの値で代表させる

平均

　いくつかの数値がおおよそどのくらいの大きさであるかを、1つの値で知りたい、示したい場合があります。この目的のために、最もよく使われるのが**平均**（mean または average）です。**平均値**とも呼ばれます。

　平均の求めかたをおさらいしましょう。与えられたいくつかの数値の合計を求めます。それを数値の個数で割った値が平均です。

【例題5.1】次の5個の数値の平均を求めてください。手計算でも、電卓を使ってもかまいません。

　　81, 64, 67, 75, 73

　［解答］合計すると360です。これを個数5で割って、平均は72となります。

　二つの点に注意しましょう。一つは、平均は一般に与えられた数値のなかにはないということです。つまり、与えられた数値の1つで代表するわけではありません。二つ目は、この例では、元の数値も平均も整数ですが、これは偶々です。一般には、元の数値が整数でも、平均も整数になるとはかぎりません。これは数値の個数で割り算をするからです。平均が整数になるような例を出したのは、次の講で**分散**を計算しやすくするためです。

［演習5.1］ある中学校の生徒100人の身長を測り、その平均を計算すると、163.5cm になりました。この結果から確実に正しいと言えることには○、そうでないものには×をつけてください。

　1. 身長が 163.5cm よりも高い生徒と低い生徒は、それぞれ 50 人ずついる。

　2. 100人の生徒全員の身長をたすと、163.5cm×100＝16350cm になる。

　3. 身長を 10cm ごとに「130cm 以上で 140cm 未満の生徒」「140cm 以上で 150cm 未満の生徒」……というように区分けすると、「160cm

以上で 170cm 未満の生徒」が最も多い。

出典：日本数学会「大学生数学基本調査」に基づく数学教育への提言
https://mathsoc.jp/comm/kyoiku/chousa2011/

[演習 5.2] 与えられた n 個の数値を $x_1, x_2, \ldots, x_n$ とします。平均 μ（ギリシャ文字のミュー）を求める式を書いてください。$x_1 + x_2 + \cdots + x_n$ という…記法を許します。和を求める記法 Σ を使って書ける人はそうしてください。

各数値にたいして、**偏差**（deviation）を

偏差 ＝ 数値 － 平均

と定義します。正確には「平均からの偏差」と言うべきですが、単に「偏差」と言えば「平均からの偏差」を指すことになっています。

偏差の合計は 0 になります。各数値と平均以外の値との差の合計は 0 になりません。

図 3 に、例題 5.1 の 5 つの数値と平均を数値軸上に示しました。偏差は、平均からの距離に±を付けたものになっています。各数値を重りと考えると、平均はそれらの重心になります。

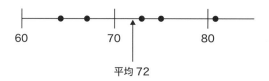

図 3　例題 5.1 の数値の分布

[演習 5.3] 例題 5.1 の数値で、偏差の合計が 0 になることを確かめてみましょう。なぜこのことが成り立つのか、一般的に考えてみましょう。

[演習 5.4] 「今日、日曜日の売り上げは 56 万円だった」

「そうすると、今週の 1 日平均の売り上げは、月～土の 6 日間の平均売り上げよりも 3 万円多くなるな」

今週の 1 日平均の売り上げを求めてください。

コラム 5.1　平均の楽な求めかた

　　1, 3, 5, 7 の平均はいくつでしょう？　ぱっと見て、真ん中が 4 だから平均は 4 だろうと想像がつきます。確かめるためには、4 が平均であると仮定して、各数値を上に述べた偏差に変換します。–3, –1, 1, 3 となります。この合計を求めるには、–3 と 3 で打消し（和が 0）、–1 と 1 で打ち消すことができますから、合計は 0 です。平均でない値にたいしては偏差の合計は 0 になりませんから、これで平均は 4 だということがわかりました。

　　例題 5.1 の数値 81, 64, 67, 75, 73 の集まりのように、ある程度大きくて、わりにかたまっているときには、次のようにして平均を計算することもできます。
　　数値をざっと見て、70 前後に散らばっているなと思ったら、仮の平均を 70 とします。仮の偏差を求めると、11, –6, –3, 5, 3 です。これらの偏差の合計を求めます。3 と –3 は打ち消しますから、合計は 11 + 5 − 6 = 10 です。10 を数値の個数 5 で割って（これを忘れないように！）、2.0 となります。2.0 を仮の平均 70 に足すと、本当の平均 72.0 が求められます 。

[演習 5.5] ある試験の成績の男子 17 人の平均は 70 点、女子 13 人の平均は 76 点でした。全体の平均は (70 + 76) / 2 = 73 でよいでしょうか？

平均の欠点

　2018 年の世帯所得の平均値は 551.6 万円です。えっ、そんなに多いの、と思いますか？　実は、所得のような、高額所得者が少数ではあるが居るようなデータに関しては、平均は実感より高めに出ます。所得金額をいくつかの区間に分けて表示したものを図 4 に示します。各区間の柱の高さは、所得がその区間にある世帯の割合です。図の右裾のように、所得が 1,000 万円以上ある世帯が、しだいに少なくなってはいきますが、ある程度存在します。平均は、これらの高額所得世帯に引っぱられて、高めに出るわけです。

　図 3 では、各数値を数値軸上に示しましたが、数値の個数が多くなると個々の数値をすべて示すことはできません。そこで、図 4 のように、値をいくつかの

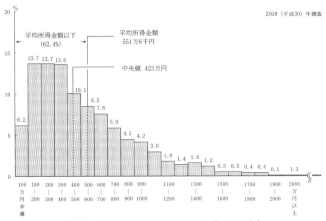

図4　世帯所得の相対度数分布（2018年）
出典：平成30年 国民生活基礎調査の概況｜厚生労働省

区間に分けて、各区間に入った数値の個数を柱の高さで示します。そういう図を、**度数分布**または**ヒストグラム**（histogram）と言います[1]。略して分布と言うこともあります。図4は、数値の個数ではなく、全体の個数にたいする割合で示されていますから、正確には相対度数分布です。

中央値と最頻値

　図の中に書いてあるように、平均所得金額551.6万円よりも少ない所得の世帯は、50%ではなく、62.4%あります。このような分布にたいして、全体の値の大きさを表す1つの値として平均よりも適切なのは、中央値です。**中央値**（median）は、各世帯の所得を大きい順に並べたときに、中央にくる値です。中央値は、この場合423万円と記されています。中央値であれば、所得がそれより多い世帯も、それより少ない世帯も50%ずつですから、実感に近くなります。ただし、中央値を求めるには、与えられた数値を大きい順に並べ替えしなければなりません。これは、平均を求める足し算と割り算よりもかなり手間がかかります。中央値よりも平均のほうがずっとよく使われるのは、そういう事情もあります。

1　棒グラフでは棒のあいだを空けますが、度数分布では空けません。それは、連続する各区間での度数を示すからです

数値の分布を代表させるもう一つの値は、最頻値です。**最頻値**（mode）は、値の大きさを図 4 のように幅が等しい区間に分けたとき、そこに入る数値の個数が最も多い区間の真ん中の値です。図 4 の分布では、100 ～ 200、200 ～ 300、300 ～ 400 万円の区間がほぼ等しい割合で最大になっています。その 3 つの区間の真ん中の 250 万円を最頻値とするのが適切でしょう。つまり、所得が 250 万円前後である世帯が最も多いことを示しています。

　昔、国別の平均所得のランキングで、中東のある国の平均所得が日本より上回っていることがありました。その国の国民のほとんどは日本人よりもずっと貧しい生活をしているにもかかわらず。石油による収入が、国王と一にぎりの王族に独占されていたからです。

【例題 5.2】2019 年の 2 人以上の世帯の貯蓄現在高の平均は、1,755 万円でした。うちはそんなにないよ、と思いますか？　中央値はどのくらいか、当てずっぽうで答えてください。

　［解答］貯蓄額も、右裾に長く尾を引く分布の典型です。図 5 に区間別の割合を示します。中央値は 1,033 万円でした。貯蓄 0 の世帯も含めた中央値は、

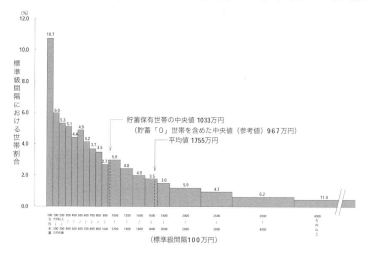

図 5　2 人以上の世帯の貯蓄額の相対度数分布（2019 年）
出典：家計調査報告（貯蓄・負債編）− 2019 年（令和元年）平均結果−（二人以上の世帯）、
　　　政府統計の総合窓口「e-stat」

967 万円です。ほっとした人もあるのでは？　勤労者世帯だけに限れば、平均1,376 万円、中央値 801 万円、貯蓄 0 を含めた中央値は 751 万円でした。

政府の統計には、相変わらず、所得も貯蓄額も世帯単位の集計しかないのですね。また、年齢層別の値や過去からの変化は平均だけで示され、実質的に意味のある中央値やその変化を一目で見ることはできません。

[演習 5.6] 所得や貯蓄額のように、少数の大きな値に引っぱられて平均が中央値よりも大きめに出る分布を、ほかにも見つけてください。

外れ値

データの集計などのとき、少数の数値がほかの数値から遠く離れていることがあります。それらの数値は何らかの事情で大きすぎる、あるいは小さすぎる値を取ったと考えられます。そういう数値を**外れ値**（outlier）と言います。外れ値によって平均の算出が影響されるので、多くの場合、外れ値を除いて平均を求めるのが妥当です（次の 2 つの講で扱う分散や標準偏差、相関係数の計算でも、外れ値は除外します）。平均は外れ値の影響を受けやすいのにたいし、中央値や最頻値は外れ値の影響をあまり受けません。

例として、都道府県の平均面積を求めることを考えましょう。北海道だけ飛び抜けて大きいことは皆知っています。北海道の面積は 8.3 万 km^2 で、2 位の岩手県 1.5 万 km^2 の 5 倍以上あります。この場合、北海道を除いた都府県の平均面積を求めるべきでしょう。

平均にかかわるもう一つの注意は、平均だけを見ると差があるにもかかわらず、分布としては、図 6 の例のようにほとんど重なっていたりすることです（度数分布は柱状図ですが、簡単に連続曲線で表しました）。コラム 1.1、1.2 で取りあげた PISA の得点や学力テストの平均点において、あまり差のない国や都道府県のあいだではこれが起きていると考えられます。与えられた数値が平均のまわりでどのくらい広がっているかを測ると、このような錯覚を防ぐことができます。次の第 6 講では、それを考えましょう。

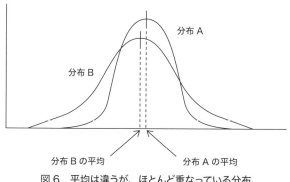

図 6　平均は違うが、ほとんど重なっている分布

第 5 講のまとめ

・いくつかの数値がおおよそどのくらいの値であるかを 1 つの値で示すに
は、平均がよく用いられる。ほかに、中央値や最頻値で示すこともできる。

・平均は、右に長く裾を引いた分布にたいしては、大きめに出る。こういう
場合には、中央値のほうがより実感と合っている。

・値をいくつかの区間に区切って、それぞれの区間に入った数値の個数（度
数）を示した柱状の図を、度数分布またはヒストグラムと呼ぶ。

・外れ値を除いて平均を出すほうが適切な場合が多い。

演習の解答

[演習 5.1] 1.　×　　2.　○　　3.　×

　　1は中央値の説明、3は最頻値の説明になっています。3つとも正解した大学生
は 76%。4 人に 1 人は 1 つ以上間違えていました。

[演習 5.2] $\mu = (x_1 + x_2 + \cdots + x_n)/n$ あるいは $\mu = \sum_{i=1}^{n} x_i / n$

[演習 5.3] 偏差は 9, –8, –5, 3, 1 となります。その合計は 0 です。

　　　偏差 ＝ 数値 － 平均

という式を、すべての数値にたいして加えます。右辺の第 1 項は（数値の合計）にな
ります。第 2 項は、平均 ×（数値の個数）になります。平均は（数値の合計）/（数
値の個数）ですから、第 2 項も（数値の合計）になり、引き算すれば 0 になります。

[演習 5.4] 偏差の合計が 0 になることを使います。図 7 を見てください。月〜土の
売り上げは毎日違うでしょうが、この図では 6 日間の平均ですべて表示してあります。

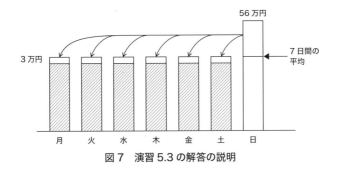

図7　演習 5.3 の解答の説明

この平均を 3 万円増やすためには、日曜日の売り上げ 56 万円から 3 万円ずつ月〜土に移す必要があります。そうすると、56 万円 －(3 万円 × 6)＝ 38 万円で、すべての日の売り上げの高さが揃います。したがって、月〜日の 7 日間の 1 日平均の売り上げは 38 万円です。

　方程式で解くと次のようになります。求める 7 日間の 1 日平均の売り上げを x とすると、$\{ (x - 3) \times 6 + 56 \} / 7 = x$ です。これから $6x - 18 + 56 = 7x$ となり、$x = 38$ が求まります。

[演習 5.5] 全体の平均は 73 ではありません。男子の成績の合計は $70 \times 17 = 1190$、女子の成績の合計は $76 \times 13 = 988$ です。成績の全合計は $1190 + 988 = 2178$。これを人数 $17 + 13 = 30$ で割って、全体の平均は $2178 / 30 = 72.6$ です。男子のほうが人数が多いので、全体の平均は $(70 + 76) / 2 = 73$ よりも小さくなるわけです。

　このように人数が違うときは、人数を重みとして掛けて平均を求めなければなりません。重みを掛けて求める平均を**加重平均**（weighted average）と言います。

[演習 5.6] 思いつくままに挙げてみます。

・本の出版部数
・上場企業の売り上げ、利益、社員数

分散

　この講では、与えられたいくつかの数値が平均のまわりにどれくらい広がっているか、ばらついているかを測ることを考えます。たとえば、

　例題 5.1 で使った数値の集まり

　　(a) 81, 64, 67, 75, 73

と、集まり

　　(b) 70, 76, 73, 67, 74

を考えます。どちらも平均が 72 ですが、平均のまわりのばらつきは (b) のほうが小さいことが見てとれます。

　平均のまわりの数値のばらつきを測るために用いられる尺度が、**分散**（variance）です。分散は、前の講に出てきた

　　偏差 ＝ 数値 － 平均

の 2 乗をすべての数値にたいして加えて、それを数値の個数で割った値です。偏差の 2 乗を平均した値と言い換えることもできますが、元の数値の平均と混同しないでください。

【例題 6.1】(a) 81, 64, 67, 75, 73 の分散を計算してください。電卓を使ってけっこうです。

　［解答］(a) 平均が 72 ですから、偏差は 9, -8, -5, 3, 1 です。偏差の 2 乗は 81, 64, 25, 9, 1 ですから、その和は 180 です。それを数値の個数 5 で割って、分散は 36 と求まります。

[演習 6.1] (b) 70, 76, 73, 67, 74 の分散を計算してください。

　解答にあるように、(b) の分散は 10 で、(a) の分散 36 の 0.28 倍です。(b) のほうが平均のまわりのばらつきは小さいことを表しています。

分散は、ギリシャ文字σ（シグマ）の2乗、すなわちσ^2で表すのが慣習です。そこで、平均をμとすると、分散は次の式で表されます。

$$\sigma^2 = \{ (x_1 - \mu)^2 + (x_2 - \mu)^2 + \cdots + (x_n - \mu)^2 \} / n \qquad \cdots\cdots \text{式(1)}$$

ある値を与えて、各数値とその値との差の2乗の和を考えます。平均は、この差の2乗の和を最小にする値です。そのときの最小値を数値の個数で割った値が分散です。つまり、平均は、ある値のまわりの、2乗で測ったばらつきを最小にする値になっています。これは、平均の意味として納得がいきます。

次の式が成りたちます。

　　分散 ＝ （数値の2乗の和）/ 個数 － 平均の2乗

つまり、

$$\sigma^2 = (x_1^2 + x_2^2 + \cdots + x_n^2) / n - \mu^2 \qquad \cdots\cdots \text{式(2)}$$

ただし、数値の大きさに比べてばらつきが小さいときには、分散を式(2)で計算すると、桁落ち（p.26）が起きるおそれがあります。

[演習 6.2] 和を求める記法Σを使って書ける人は、上に出てきた式(1)と式(2)をΣを使って書いてください。

[演習 6.3] 式(1)から式(2)を導いてください。Σを使って書ける人は、そうしてください。

コラム 6.1　なぜ数値のばらつきは偏差の2乗で測るのか？

　なぜ、数値のばらつきを偏差の「2乗」の平均で測るのでしょうか？　偏差の和は0ですから、使えません。各数値と平均との距離は、偏差の符号を無視した値、すなわち絶対値で示されます（図3、p.38を見てください）。偏差の絶対値の和を数値の個数で割った値、言い換えれば偏差の絶対値の平均をばらつきの尺度としてはいけないのでしょうか？

　数値の集まり (a) 81, 64, 67, 75, 73 の、81 と 75 を考えてみましょう。平均が 72 ですから、81 の偏差は 9、75 の偏差は 3 です。偏差の絶対値を合計して個数で割った値でばらつきを測ると、81 は合計に 9 だけ、75 は合

計に3だけ寄与します。つまり、距離の値がそのままばらつきへの寄与になるわけです。

　一方、偏差の2乗の和を個数で割った値、すなわち分散を用いるときは、合計にたいして81は$9^2 = 81$、75は$3^2 = 9$の寄与をします。つまり、平均に近い数値に比べて、平均から遠く離れた数値は、距離値の2乗で離れかたを大きく評価されることになります。このように、偏差の絶対値を用いるか、偏差の2乗を用いるかは、平均に近い数値と平均から遠い数値の、ばらつきの尺度への寄与のしかたを変えることを意味します。

　私自身は、偏差の絶対値では遠い数値の寄与が小さく評価されすぎ、偏差の2乗では遠い数値の寄与が大きく評価されすぎるような気がします。偏差の1.5乗くらいが私の感覚に合うのかもしれません。

　しかし、以下に述べる3つの理由で、偏差の2乗の平均である分散が使われるのだと、私は考えます。

　(1) 偏差の絶対値の平均や偏差の1.5乗の平均をばらつきの尺度とするのは、都合が悪いのです。図8に絶対値関数 $y = |x|$ のグラフを示します。図のように原点のところで折れ曲がりがあります。$y = |x|$ を微分すると、原点のところでは微分の値が定まりません。微分の値は、その点における曲線の接線の傾きですから。

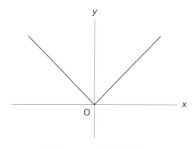

図8　$y = |x|$ のグラフ

　分散を微分することはありませんが、統計学では「差の2乗の和」の形のさまざまな式を使います。最小値を求めるためにそれらの式を微分するとき、2乗であれば都合が良いわけです。$y = x^2$ の微分は $2x$ ですから。$y = |x|$ だと、上に述べたように微分できない点が生じますし、$y = x^{1.5}$ を微分すると複雑なことになります。ばらつきを偏差の2乗の平均である分散で測ることに

しておくと、他の2乗の式との整合性の点で都合が良いのです。

　つまり、ばらつきを偏差の2乗で測るのは、統計学のもろもろの処理の都合上だと私は考えています。2乗で測ることにしないと、統計学が成り立たないと言っても、過言ではないでしょう。もっとも、これは個人的な見かたで、通説とは言えません。

　(2) 偏差の絶対値で測るのには不都合な点があるかもしれません。前に、ある値との差の2乗の和が最小になるのは、値を平均にとったときだと述べました。ある値との差の絶対値の和が最小になるような値は、一とおりには決まらないのです（演習 6.4 参照）。

　(3) 後で述べる正規分布は、統計でたいへんよく用いられます。正規分布と分散とは密接な関係にあります。たぶん、これが統計で、ばらつきの尺度として分散が用いられる最大の理由でしょう 。

　オックスフォード大学の入試問題に挑戦してみましょう。

[演習 6.4] 私は砂漠の石油王で、たまたま一直線上に位置している4つの町に石油を届けることになっている。その4つの町を順番に回るのだが、次の町に行く前に必ず石油タンクに戻らなければならない。移動距離を最も短くするにはどこにタンクを置けばいいだろうか？　王族の友人がいて私が望めば無料でいくらでも道路を建設してくれるから、道路の心配はいらない。

出典：オックスフォード大学、数学の入試問題

標準偏差

　分散は、元の数値や平均と比べて、2乗の次元を持ちます。元の数値が m 単位で測った長さだとすると、分散は m^2 の次元になります。元の数値や平均と同じ軸の上で比較できるように、分散 σ^2 の平方根 σ を考えます。これを**標準偏差** (standard deviation)と呼びます。

　前に使った (a) 81, 64, 67, 75, 73 の分散は 36 でしたから、標準偏差は 6 です。(b) 70, 76, 73, 67, 74 の分散は 10 でしたから、標準偏差は $\sqrt{10} ≒$ 3.16 です。

　標準偏差がわかると、ある数値が平均から標準偏差の何倍離れているかを

知ることができます。たとえば、(a) 81, 64, 67, 75, 73 の 81 は、偏差 9 ですから、平均 72 から標準偏差 6 の 1.5 倍離れています（図 9）。

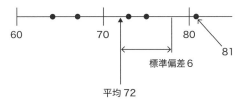

図 9　81 は、平均 72 から標準偏差 6 の 1.5 倍離れている

偏差値とは

　偏差値は、受験生やその親にはなじみ深い、一喜一憂させられる数値です。しかし、それが何を意味するのかとか、どのように計算されるのかについては、あまりよく知られていないようです。ここでは、それについて説明しましょう。

　子どもが 70 点の答案を見せたとします。親は喜んでいいのでしょうか？　まず、平均点が何点だったかが問題になります。試験が易しくて、みな良い点を取ったのかもしれませんし、その逆かもしれません。平均点が 60 点だったら喜べますが、平均点が 80 点だったらがっかりです。平均点が 60 点という喜ばしいほうを考えましょう。次に知りたいのは、平均のまわりでどのくらいの広がりで得点がばらついているかです。つまり、標準偏差ですね。標準偏差が 15 点だったら、70 点は上から 1/4 くらいのところですが、標準偏差が 5 点だったら 70 点はたぶんクラスで 1 位でしょう。なぜそうなるのかは、おいおい説明します。

　このように、試験の得点がわかっても、平均点や標準偏差がわからないと、その得点が全体のなかでどのあたりにあるかはわかりません。そこで、平均点と標準偏差を知っているという前提で、それらに依存しないように、得点が全体のなかでどのくらいの位置にあるかを表示する値が偏差値です。
　得点から偏差値を求めるには次のようにします。まず、平均の影響を除くために、得点から平均を引きます。その差を標準偏差で割ります。これで、平均と標準偏差の影響をなくすことができましたが、わかりやすく使いやすいように

するために、少し加工します。標準偏差で割った代わりに、10倍します。その後、平均を引いた代わりに50を足します。式で書くと次のようになります。

偏差値 ＝ (得点 － 平均) / 標準偏差 × 10 ＋ 50

これで、元の得点分布の平均や標準偏差の値にかかわらず、偏差値は平均50、標準偏差10の分布になります。つまり、平均を引いて後で50を足すことは、平均を50に揃える操作、標準偏差で割って10を掛けることは、標準偏差を10に揃える操作です。

平均を50、標準偏差を10にすると、偏差値はだいたい20から80くらいの範囲の値になります。100点満点の試験の得点よりやや狭い範囲ですが[1]、日常的になじみやすい値です。

得点が70点、平均が60点、標準偏差が15点という場合の偏差値を計算しましょう。

偏差値 ＝ (70 － 60) / 15 × 10 ＋ 50 ≒ 57

です。

[演習6.5] 得点が70点、平均が60点、標準偏差が5点という場合の偏差値を計算してください。

偏差値ははじめ、ある中学校の先生が、生徒の志望高校の妥当性を勘と経験だけでなく、客観的なデータに基づいて決めたいと思って考えた仕組みでした。そういう善意の考案が、学校のランク付けや受験生の輪切りの道具として広まってしまったのは、不幸なことでした。

コラム6.2　よくある分布の3つの形

図10に、3種類のよくある分布の形を示します。柱状図でなく、連続的な曲線で描いています。(a) は一山型（単峰性）、(b) は二山型（双峰性）と

1　100点を超える偏差値やマイナスの偏差値が生じる可能性は、理論上は0でありませんが、実際上ほとんど起こりません。

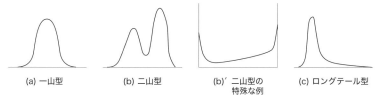

(a) 一山型   (b) 二山型   (b)′ 二山型の   (c) ロングテール型
                           特殊な例

図 10　3 種類のよくある分布の形

呼ばれます。(c) はロングテール型と呼ぶことにしましょう。(b) 二山型の特殊な場合として、取りうる最大の値と最小の値が限られているならば、(b)′ のような分布になることもあります。数学の試験の得点で起こりやすい分布の形です。

　(c) のロングテール型の分布では、数値を代表する値として平均値よりも中央値や最頻値のほうが適切な場合が多いことは、前の講で学びました。(b) の二山形のときには、最頻値は不適切です。

　実は、分散とその平方根の標準偏差は、暗黙のうちに (a) の一山形の分布を仮定しているようなところがあります。もちろん、二山型やロングテール型を含め、数値のどんな形の分布にたいしても分散と標準偏差は計算できますが。

　偏差値は、次に述べる正規分布に近い分布、少なくとも一山型の得点分布でないと意味がありません。

正規分布

　一山型の分布として最も有名なのは、**正規分布**（normal distribution）です[2]。正規分布というのは分布の型の名前で、平均 μ と分散 σ^2（標準偏差 σ）を決めると、特定の 1 つの分布になります。図 11(a) は平均 0、分散 1（標準偏差 1）の正規分布です[3]。図のように、平均 0 を中心として左右対称な形をしています。

　図 11(b) には、平均はどれも 0 で、標準偏差が 0.5, 1, 1.5 の 3 つの正規分布を示しました。(a) と同じ標準偏差 1 の分布と比べて、標準偏差 0.5 の分

2　正規分布をきちんと説明しようとすると、いくつかの概念の理解が必要となります。この本では、そこは手抜きすることにしました。
3　正規分布は連続的な値をとります。そのため、図の縦軸は、確率でなく確率密度を表します。その高さで幅が 1 の長方形の確率です。

(a) 平均 0、分散 1（標準偏差 1）の正規分布

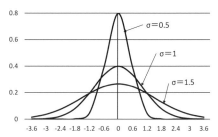

(b) 平均 0、標準偏差 0.5, 1, 1.5 の正規分布

図 11　正規分布

布は幅が狭くなり、高くなっています。分布曲線と水平軸で囲まれる面積は、確率の総和、すなわち 1 ですから、幅が狭くなれば高くなるのは当然です。標準偏差 1.5 の分布は、逆に幅が広く低くなっています。標準偏差を固定して平均値を変えるのは、分布曲線の形を変えずに水平に移動するだけです。正規分布では、平均、中央値、最頻値は一致します。

　次の講で説明する理由によって、正規分布やそれに似た分布は頻繁に生じます。

　図 12 に示すように、正規分布を平均 μ から左右に標準偏差 σ ごとに分割してみます。そうすると、幅 σ の各帯のなかに値が入る確率は、図のようになります。各数値を小数点下 4 桁目で四捨五入したので、合計が 1.000 になっていません。数学的には、$-\infty$ から $+\infty$ まで非常に小さいながら 0 でない確率が存在します。しかし、$\mu - 3\sigma$ より小さい値が生じる確率と、$\mu + 3\sigma$ より大きい値が生じる確率は、どちらも 0.001 くらいです。実用上は、それらの値は起きないとして無視しても差しつかえありません。

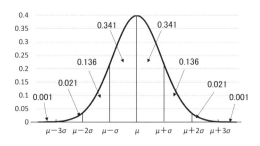

図 12　正規分布：幅 σ ごとの確率

図 13 には、$\mu-3\sigma$, $\mu-2\sigma$, $\mu-\sigma$, μ より小さい確率と、それより大きい確率を示しました。$\mu+3\sigma$, $\mu+2\sigma$, $\mu+\sigma$ より大きい、または小さい確率は、これと対称になります。これらの確率はよく用いられます。

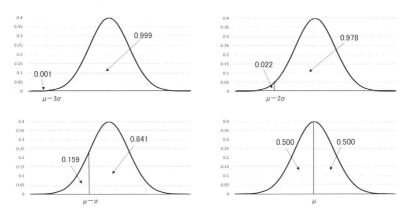

図 13　$\mu-3\sigma$, $\mu-2\sigma$, $\mu-\sigma$, μ より小さい（大きい）確率

図 14 は、偏差値で表しました。偏差値 50, 60, 70, 80 より大きい確率です。50 だと真ん中、60 だと 100 人中上から 16 番目くらい、70 だと 100 人中上から 2 番目くらい、80 だと 1,000 人中の第 1 位です。ただし、これは正規分布の場合ですので、得点が正規分布から非常に離れた分布をしているときは、そうなりません。

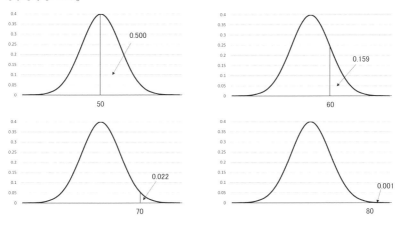

図 14　偏差値 50, 60, 70, 80 より大きい確率

第 6 講のまとめ

- 与えられた数値の平均からのばらつきは、分散で測られる。分散は、偏差の 2 乗の和を数値の個数で割った値である。
- 分散は、元の数値や平均にたいして、それらの 2 乗の次元の値である。元の数値や平均と同じ次元の値として、分散の平方根である標準偏差が使われる。
- 偏差値は、得点から平均と標準偏差の影響を除くために、平均 50、標準偏差 10 での値に変換したものである。
- よくある一山型分布に正規分布がある。平均と標準偏差がわかっている正規分布上で値が指定されると、それより小さい値になる確率がわかる。

演習の解答

[演習 6.1] 平均は 72 ですから、偏差は -2, 4, 1, -5, 2 となり、その 2 乗は 4, 16, 1, 25, 4 です。合計すると 50 で、個数 5 で割ると、分散は 10 です。

[演習 6.2] 式 (1) $\sigma^2 = \sum_{i=1}^{n} (x_i - \mu)^2/n$

式 (2) $\sigma^2 = \sum_{i=1}^{n} x_i^2/n - \mu^2$

[演習 6.3]

$\sigma^2 = \{ (x_1 - \mu)^2 + (x_2 - \mu)^2 + \cdots + (x_n - \mu)^2 \}/n$

$= (x_1^2 - 2x_1\mu + \mu^2 + x_2^2 - 2x_2\mu + \mu^2 + \cdots + x_n^2 - 2x_n\mu + \mu^2)/n$

$= \{ x_1^2 + x_2^2 + \cdots + x_n^2 - 2\mu(x_1 + x_2 + \cdots + x_n) + n\mu^2 \}/n$

$= (x_1^2 + x_2^2 + \cdots + x_n^2)/n - 2\mu(x_1 + x_2 + \cdots + x_n)/n + \mu^2$

$(x_1 + x_2 + \cdots + x_n)/n = \mu$ ですから、

$\sigma^2 = (x_1^2 + x_2^2 + \cdots + x_n^2)/n - 2\mu^2 + \mu^2 = (x_1^2 + x_2^2 + \cdots + x_n^2)/n - \mu^2$

Σ を使って書くと、

$\sigma^2 = \sum_{i=1}^{n} (x_i - \mu)^2/n = (\sum_{i=1}^{n} x_i^2 - 2\mu \sum_{i=1}^{n} x_i + n\mu^2)/n$

$= \sum_{i=1}^{n} x_i^2/n - 2\mu^2 + \mu^2 = \sum_{i=1}^{n} x_i^2/n - \mu^2$

[演習 6.4] 最後に行った町からタンクに戻る分も移動距離に含めるのかどうかが、明記してありません。移動距離に含めると解釈します。

　中ほどにある 2 つの町のどちらにタンクを置いても、移動距離は最短になると考えた人が多いのではないでしょうか。実は、中ほどにある 2 つの町のあいだのどこにタンクを置いても、同じ最短移動距離になります。

[演習 6.5] 偏差値 = (70 - 60) / 5 × 10 + 50 = 70 です。図 14 によると、

偏差値 70 以上の割合は 0.022 ですから、この人は 100 人のなかで上から 2 番目くらいです。50 人のクラスならたぶん 1 番でしょう。

第7講　相関イコール因果関係ではない

相関とは

　相関とか、相関係数という言葉を聞いたことがあると思います。この講ではまず、相関とは何か、相関係数はどのように計算するのかを勉強します。

　「相関（する）」には一般的な意味もありますが、ここでは統計学での**相関**(correlation)を扱います。2種類の数値データのあいだで、一方が大きいとき、他方も大きい傾向をもつか、あるいは他方は小さい傾向をもつか、それともどちらの傾向ももたないか、を表す用語です。具体的には、後の図15（散布図）で説明します。

　相関を1つの値で表すには、**相関係数**（correlation coefficient）が使われます。以下では、相関係数の定義（計算方法）を説明します。式の苦手な人は飛ばして、次ページの「相関係数の意味」へ進んでください。

相関係数の計算

　2種類の数値が組になっている、いわば2次元ベクトルの集まりがあるとします。たとえば、(身長, 体重)のデータが子どもの数だけあるとか、(人口, 面積)のデータが都道府県の数だけあるという場合です。

　それらのベクトルを一般的に、(x_1, y_1), (x_2, y_2), ……, (x_n, y_n) とします。n はベクトルの個数です。x_1, x_2, ……, x_n の平均を μ_x、標準偏差を σ_x、y_1, y_2, ……, y_n の平均を μ_y、標準偏差を σ_y とします。そのとき、次の式を**共分散**(covariance)と言います。

$$Cov = \{ (x_1 - \mu_x)(y_1 - \mu_y) + (x_2 - \mu_x)(y_2 - \mu_y)$$
$$+ \cdots + (x_n - \mu_x)(y_n - \mu_y) \} /n$$

第6講で学んだ分散の式

$$\sigma^2 = \{ (x_1 - \mu)^2 + (x_2 - \mu)^2 + \cdots + (x_n - \mu)^2 \} /n$$

と比較すると、平均からの偏差の2乗である $(x_1 - \mu)^2$ などが、2つの数値の

偏差の積 $(x_1 - \mu_x)(y_1 - \mu_y)$ などに置き換わっています。

[演習7.1] 和を求める記法Σを使って書ける人は、共分散Covの式をΣを使って書いてください。

　相関係数rは、共分散を標準偏差σ_xとσ_yの積で割った値と定義されます。すなわち、

$$r = \{ (x_1 - \mu_x)(y_1 - \mu_y) + (x_2 - \mu_x)(y_2 - \mu_y)$$
$$+ \cdots + (x_n - \mu_x)(y_n - \mu_y) \} / n \sigma_x \sigma_y$$

標準偏差σ_x, σ_yの定義を代入すると、次のようにも書けます。

$$r = \sum_{i=1}^{n}(x_i - \mu_x)(y_i - \mu_y)/ \sqrt{\sum_{i=1}^{n}(x_i - \mu_x)^2 \sum_{i=1}^{n}(y_i - \mu_y)^2}$$

　相関係数の式はxとyについて対称です。つまり、xとyの相関（係数）と言っても、yとxの相関（係数）と言っても、同じことです。

相関係数の意味

　証明はしませんが、相関係数は−1から1までの値を取ります。2種類の数値データの関係は、**散布図**（scatter diagram）に表すとわかりやすいです。図15に5つの散布図を示します。

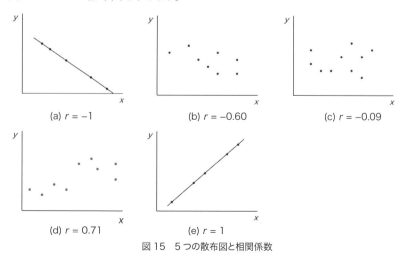

図15　5つの散布図と相関係数

(a) は、データが右下がりの直線上に乗っている場合です。このとき、相関係数は $r = -1$ になります。

(b) は、一方の数値が大きくなると他方の数値は小さくなるという、大小が反対の傾向をもつ例です。散布図では右下がりの傾向になります。このとき、相関係数 r はマイナス（ -1 と 0 のあいだ）の値を取ります。(a) や (b) のとき、2 種類の数値は**逆相関**であると言います。

(c) は、両方の数値の大小関係について、(a)(b)(d)(e) のような傾向が特に見られない例です。このとき、相関係数 r は 0 の近くの値（プラスのこともマイナスのこともある）を取ります。

(d) は、一方の数値が大きくなると他方の数値も大きくなるという傾向をもつ例です。散布図では右上がりの傾向になります。このとき、相関係数 r はプラス（ 0 と 1 のあいだ）の値を取ります。

(e) は、データが右上がりの直線上に乗っている場合です。このとき、相関係数は $r = 1$ になります。

[演習 7.2] 相関係数を計算してみましょう。5 人の生徒が、国語と数学の 10 点満点の小テストを受けました。表 7 に得点を示します。国語の得点と数学の得点のあいだの相関係数を計算してください。

手計算か電卓でやってください。Excel に得点を打ちこめば、散布図を描き、相関係数を計算してくれます。しかし、そうすると、計算過程がブラックボックスになってしまって、相関係数の意味がつかみにくくなってしまいます。

表 7　相関係数の計算問題

生徒	A	B	C	D	E
国語	10	7	5	9	9
数学	9	7	3	6	10

図 16 に表 7 のデータの散布図を示します。相関係数は、解答にあるように 0.82 です。国語の得点と数学の得点のあいだには強い（高いとも言う）相関があります。

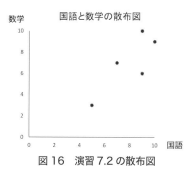

図 16　演習 7.2 の散布図

　上に「強い相関」と書きました。相関が強いとか弱いとかよく言いますが、どの程度を「強い」、どの程度を「弱い」というかについては、取り決めはありません。一つの目安としては、次のように考えてよいでしょう。

$|r| < 0.2$　　　　　　　ほとんど相関はない

$0.2 \leqq |r| < 0.5$　　　　弱い相関がある

$0.5 \leqq |r| < 0.7$　　　　中程度の相関がある

$0.7 \leqq |r|$　　　　　　強い相関がある

ただし、相関係数 r がマイナスのときは、逆相関、すなわち一方が大きければ他方は小さいという関係であることを断る必要があります。

コラム 7.1　大学入試の成績と入学後の成績の相関

　私の指導教授の一人は、大学入学後の成績の追跡調査を行った、日本で最初の人かもしれません。先生は言っていました。「大学入試の成績と入学後の成績とはほとんど相関がない。相関係数がマイナスでないだけ、良かった」。続けて、「でも、それでいいんだ。大学の成績と世の中へ出てから活躍するかどうかも関係ないんだから。わっはっは」。

相関が強いことは因果関係を意味しない

　ひんぱんに起こる間違いとして、強い相関を因果関係と勘違いしてしまうことがあります。相関は、上で説明したように、2 種類の数値データのあいだに、

一方が大きければ他方も大きい（または小さい）という関係があるというだけです。極端な場合、強い相関は単なる偶然かもしれません。下に例を挙げます。それを**一方から他方への因果関係であると論じる**ことがあります。そういう報道どころか、論文すらあるのですから、気をつけないといけません。

　時間とともに変化する数値データを**時系列データ**（time series data）と呼びます。2 種類の時系列データを時間軸上で表示したとき、値の増減の傾向がよく似ていれば、相関係数を計算するまでもなく、相関が強いと見なされます。この場合にも、よく因果関係と間違われます。

　一つ例を挙げましょう。図 17 は、ミス・アメリカの年齢と、蒸気や熱による殺人件数を、年を追って示したものです。相関係数は 0.87 もあります。この 2 つのあいだに因果関係があると思いますか？

　この例は、面白い相関関係を集めたウェブページから取ったものです。

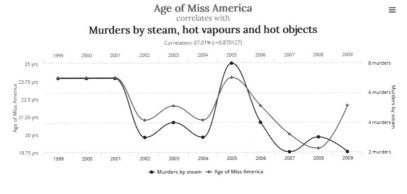

図 17　見せかけの相関の例

出典：https://www.tylervigen.com/spurious-correlations/

　谷岡一郎は「付録 さらに勉強したいときは」(8) の第 4 章で、相関関係と因果関係の違いを説明しています。2 種類の数値データ x と y のあいだに相関がある（強いか中程度）とき、x と y のあいだの因果関係には 9 とおりの可能性があると述べています。ここでは、それを次の 8 とおりに整理します。

　　(1)　x が y の原因

　　(2)　y が x の原因

 (3) x と y が相互に影響

 (4) x が y の間接の原因

 (5) y が x の間接の原因

 (6) x も y も第三の要因の結果

 (7) (1) 〜 (6) の組合せ

 (8) 単なる偶然

 例を示します。

 「アルコールを少し飲む人のほうが全然飲まない人よりも長生きする」と言われています。私もビールを飲む口実に使っていました。しかし、考えてみれば、逆に、「長生きする人は、アルコールを全然飲まないよりも少しはアルコールを飲む傾向がある」とも言えないでしょうか。たとえば、重大な病気で医者からアルコールを止められている人もいるかもしれません。そこまで行かなくても、健康上の理由で自分からアルコールを控えている人もあるでしょう。そういう人たちは、そうでない人たちよりも寿命が短い傾向があるでしょう。

 この例は、上記の

 (3) x と y が相互に影響

とまでは行かなくても、

 (1) x が y の原因

にたいして

 (2) y が x の原因

が少しは加わっているように思います。

相関関係と因果関係についての演習

[演習 7.3] 男性の喫煙率は年とともに下がっているのに、男性の肺がん死亡者数は増えています。これをもって、「煙草を吸うと肺がんになる」というのはウソだと言う人がいます。これに反論してください。この問題は、上の (1) 〜 (8) にうまく当てはまらないので、単独の演習にしました。

[演習 7.4] 「朝食をきちんと食べる子は成績が良い」というのは事実ですが、では朝食をきちんと食べるようにさせれば、成績が上がるのでしょうか?　これ

は

　　(6) x も y も第三の要因の結果

の典型的な例です。第三の要因として考えられるものを挙げてください。

[演習 7.5]　以下の (a) ～ (d) は、上の (1) ～ (8) のどれに当てはまりますか。

　(a) 日焼け止めクリームの使用量と皮膚がんの発生率には正の相関があった
という論文が発表されました。あわてて読むと、皮膚がんの発生を抑えるには、
日焼け止めクリームを使用しないほうが良いのかと思ってしまいます。

　(b) 各国の 1 人あたりのチョコレート消費量とノーベル賞受賞者数には、強
い相関がある。ノーベル賞受賞者を増やすために、せっせとチョコレートを食
べよう！

　(c)「ゲームをまるきりしない子よりも、ゲームを平日 1 時間くらいする子のほ
うが成績が良い」というデータがあります（2 時間を超えると成績が下がります
から、ご注意）。

　(d) 有名大学に行けば、たくさん稼げる。

データを分割すると、関係が変わる

　データを分割すると、相関関係が変わることがよくあります。この事実はあま
り知られていないと思います。

　馬鹿馬鹿しい例から始めます。子どもの身長と漢字の読み書き能力には強い
相関があります。実は、小学校 1 年生から 6 年生まで全体についてのデータ
でした。年齢を第三の要因とする見かけの相関です。学年別・男女別に調べ
れば、相関はぐっと低くなるはずです。生まれた月日による影響が少しは残るで
しょうけれども。

　第 1 講で例に挙げた全国学力調査によると、都道府県単位では、生徒が学
習塾に行っている率と成績とはマイナスの相関があります。秋田や石川のような
地方の県が上位で健闘していて、大都市周辺の府県が下位にあることから、う
なずける結果です。では、学習塾に通わせないほうが成績が上がるのでしょう
か？　そんなことはありません。各都道府県の中では、学習塾に行っている生
徒のほうが成績が高いのです。

　図 18 にデータを分割すると相関が変わる、わかりやすい散布図の例を示し

図18 データを分割すると、相関が変わる散布図の例

ました。

データを分割すると、大小関係が変わることもあります。

カリフォルニア大学バークレイ校は、1970年代に大学院入試で女性を男性と差別していると訴えられたことがありました（「付録 もっと勉強したいときは」(1)、p.147）。男性の合格率が45%であるのにたいし、女性の合格率が33%であったからです。調査の結果、85の学部のほとんどで男女の合格率に差はなく、なかには女性の合格率のほうが高い学部もありました。問題は、2つの学部が次の特徴をもっていることでした。

・応募者数が多いだけでなく、男性の応募者数が女性の応募者数に比べて非常に多い

・男女とも合格率が他の学部に比べて高い

要するに、合格しやすい学部に男性がたくさん応募しているため、全体の男性の合格率を押し上げていたのです。

[演習7.6] 4月も5月も巨人のほうが阪神より勝率が高いのに、4月・5月を通算すると、阪神のほうが巨人よりも勝率が高いのです。そのような勝敗数の例を作ってください。この問題は私立中学の入試に出ました。

演習の解答

[演習 7.1] $Cov = \sum_{i=1}^{n}(x_i - \mu_x)(y_i - \mu_y)/n$

[演習 7.2] 平均は、国語が 8.0、数学が 7.0 です。したがって偏差は、国語が 2, –1, –3, 1, 1、数学が 2, 0, –4, –1, 3 です。国語の分散は $\{ 2^2 + (-1)^2 + (-3)^2 + 1^2 + 1^2 \}/5 = 3.2$、標準偏差は $\sqrt{3.2} \fallingdotseq 1.79$ です。数学の分散は $\{ 2^2 + 0^2 + (-4)^2 + (-1)^2 + 3^2 \}/5 = 6.0$、標準偏差は $\sqrt{6} \fallingdotseq 2.45$ です。

　共分散は $Cov = \sum_{i=1}^{n}(x_i - \mu_x)(y_i - \mu_y)/n = \{ 2 \times 2 + (-1) \times 0 + (-3) \times (-4) + 1 \times (-1) + 1 \times 3 \}/5 = 3.6$。相関係数は $r = Cov / \sigma_x \sigma_y = 3.6 / (1.79 \times 2.45) \fallingdotseq 0.82$ と求まります。

[演習 7.3] まず、喫煙の習慣と肺がんの発生とのあいだには何十年単位の時間遅れがあります。しかし、最大の理由は、がんはほとんどの場合、高齢化によって生じることです。肺がんを含めて、がんによる死亡者の増加は、高齢者が増えていることに依ります。

[演習 7.4] 朝食をきちんと食べる子というのは、親が子の面倒をみる余裕があり、しつけの良い子でしょう。本人もまた、朝食に間に合うように起きるという自立性の高い子かもしれません。面倒をみる余裕があって、しつけが良いということは、親が子の成績に関心をもっているとか、学習塾に通わせているとかの傾向もあり得ます。

[演習 7.5]

　(a)「(2) y が x の原因」です。原因と結果が逆で、皮膚がんの発生しやすい人ほど日焼け止めクリームをたくさん使っているからです。「(6) x も y も第三の要因の結果」という答もあり得ます。紫外線の強い場所に長時間居るというのが第三の要因です。

　(b)「(6) x も y も第三の要因の結果」です。豊かな国は、1 人あたりのチョコレート消費量もノーベル賞受賞者数も多いのです。

　(c)「(4) x が y の間接の原因」でしょう。ゲームが直接学習に役立っているとは思えません。次のような間接的原因が考えられます。心や時間的な余裕がある、気分転換になっている、1 時間でやめられるという自己コントロール力を持っている、など。

　(d)「(3) x と y が相互に影響」でしょう。たくさん稼げるような能力をもつ人が、

有名大学を受験して合格しやすいとも言えますから[1]。

[演習 7.6] 解答の一例を示します。4 月：巨人 12 勝 7 敗、勝率 0.632、阪神 14 勝 9 敗、勝率 0.609。5 月：巨人 11 勝 13 敗、勝率 0.458、阪神 8 勝 10 敗、勝率 0.444。4 月・5 月を通算すると、巨人 23 勝 20 敗、勝率 0.535、阪神 22 勝 19 敗、勝率 0.537。

.

1　「付録 もっと勉強したいときは」(10)、p.008 では、「有名大学に行けば、たくさん稼げる」について、統計的に有意な差はなかったという研究結果を紹介しています。ただし、アメリカの研究なので、日本でもそうなのかはわかりません。

第8講　偶然のいたずら

世の中には、偶然が支配するできごとがあります。偶然を積極的に利用することもあります。野球で先攻・後攻や、サッカーで陣地を選択するコイン投げはその例です。

コイン投げで遊ぼう

【例題 8.1】偏りのないコインを 10 回投げたら、表と裏が 5 回ずつ出るでしょうか?

偏りのないコインとは、表と裏が確率 1/2 ずつで出るコインのことです。以下、偏りのないコインを単にコインと呼びます。

［解答］表と裏が 5 回ずつ出るとはかぎりません。表が出る回数は 0 回から 10 回までに分布します。

【例題 8.2】コインを 10 回投げることを何回も繰り返すとします。表と裏が 5 回ずつ出るのは全回数のうちの何割くらいだと思いますか?

この割合を、コインを 10 回投げて表と裏が 5 回ずつ出る**確率**（probability）と言います。確率の概念は、きちんと説明しようとすると大変です。ここでは、コイン 10 回投げのような「実験」を非常に多くの回数行った[1]ときに、表と裏が 5 回ずつ出る割合という理解をしてください。コインを 10 回投げるとか、サイコロを 2 個振るとか、ルーレットを 1 回まわすとかのような「実験」のことを、確率の用語では**試行**（trial）と言います。

［解答］表の出る回数が 0 回から 10 回のそれぞれについて、全試行回数にたいする割合（確率）を求めてみましょう。コインを 10 回投げた結果をすべて書きだすと、表 8 になります。

---

[1]　なぜ多くの回数行ったときなのかは、次の第 9 講で説明します。

表 8　コインを 10 回投げたすべての結果

1 回目 → 10 回目

| 裏裏裏裏裏裏裏裏裏裏 |
| 裏裏裏裏裏裏裏裏裏表 |
| 裏裏裏裏裏裏裏裏表裏 |
| 裏裏裏裏裏裏裏裏表表 |
| …… |
| …… |
| 表表表表表表表表表裏 |
| 表表表表表表表表表表 |

　全部で 1024 とおりの結果があります。各回で表が出るか裏が出るかの 2 と
おりですから、2 回投げれば 2 × 2 の 4 とおり。3 回投げれば 2 × 2 × 2 の 8
とおり。……と行って、10 回だと $2^{10} = 1024$ とおりになるわけです。
　表の回数が 0 回なのは、最初の行の裏裏裏裏裏裏裏裏裏裏だけですから、
1024 とおりのうちの 1 とおりです。表の回数が 10 回なのは、最後の行の表
表表表表表表表表表だけですから、これも 1024 とおりのうちの 1 とおりです。
　表の回数が 5 回の確率を求めるには、表 8 のなかで、表の回数が 5 回の
場合がいくつあるか数えなければなりません。それを行うには、図 19 に示す
パスカルの三角形（Pascal's triangle）を使います。

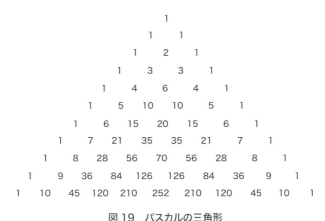

図 19　パスカルの三角形

いちばん上の行の 1 は別として、各数は左上の数と右上の数の和になってい

67

ます。数のないところは 0 と見なします。たとえば、3 行目の中央の 2 は、左上の 1 と右上の 1 との和になっています。

2 行目が 1 1 となっているのは、コインを 1 回投げたとき、表の出る回数が 0 の場合が 1 とおり、1 の場合が 1 とおりであることを表しています。3 行目が 1 2 1 となっているのは、コインを 2 回投げたとき、表の出る回数が 0, 1, 2 となる場合がそれぞれ、1 とおり、2 とおり、1 とおりであることを表しています。表の出る回数が 1 回であるのが 2 とおりであるのは、次の 2 つの場合を足したものです。

・1 回投げたときの表の回数 0 回のあと、2 回目で表が出た
・1 回投げたときの表の回数 1 回のあと、2 回目で裏が出た

以下同様に、各行は、1 回少ないときの表の回数に、その回で表が出るか裏が出るかの 2 とおりの場合を足して求まります。

そのようにして、最後の行にあるように、コインを 10 回投げたとき、表が出る回数が 0, 1, 2, 3, 4, 5, 6, 7, 8, 9, 10 回である場合の数が求まります。1, 10, 45, 120, 210, 252, 210, 120, 45, 10, 1 です。

全体の場合の数は 1024 ですから、全体にたいする割合（確率）は、およそ 0.001, 0.010, 0.044, 0.117, 0.205, 0.246, 0.205, 0.117, 0.044, 0.010, 0.001 です（図 20）。これは二項分布と呼ばれる確率分布の一つの例です。コインを 10 回投げたとき、表裏が 5 回ずつ出る確率は 0.246、およそ 1/4 なんですね。

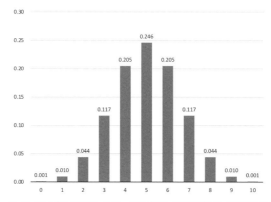

図 20　コインを 10 回投げたとき、表の回数の確率分布（二項分布の一例）

コラム 8.1　場合の数を求める別の考えかた

▶▶▶ 難しいと思う人は飛ばしてください ▶▶▶

　図 19 の最後の行に示す場合の数は、次のようにして求めることもできます。たとえば、表が出る回数が 2 回のときを考えてみましょう。10 回のうち、表が出る回の可能性は、1 回目と 2 回目、1 回目と 3 回目、……といって、9 回目と 10 回目があります。その個数は、10 個のものから 2 個を取り出す**組合せ**（combination）の数として知られています。

　表が出る回を 1 つだけ選ぶと、1 回目から 10 回目までの 10 とおり選べます。もう 1 つの表の出る回は、先の回と同じ回を選ぶわけにはいかないので、それ以外の 9 とおりです。10 × 9 = 90 になりますが、10 回のうちから 2 回の表を選ぶのに、同じ場合を 2 度数えています。たとえば 1 回目と 2 回目だと、最初の選択で 1 回目、2 度目の選択で 2 回目、というのと、最初の選択で 2 回目、2 度目の選択で 1 回目というものです。そこで、90 を半分に割って 45 というのが、表が出る回数が 2 回のときの場合の数です。

　表の出る回数が他のときも、同じようにして組合せの数として計算できます。

例題といくつかの演習問題

【例題 8.3】 ルーレットを前に 2 人がこう言っています。あなたはどちらの味方をしますか?

　A：赤が 5 回続けて出たから、次も赤だろう。

　B：赤が 5 回続けて出たから、そろそろ白だろう。

ギャンブル好きはおさまらないようですね。

［解答］どちらも間違いです。ルーレットに細工がされていないかぎり、次に出る色はこれまでの結果に依存しません。これを、試行が**独立**（independent）である、あるいは確率的に独立であると言います。これまでも、コインを投げるという試行は毎回独立であると仮定してきました。今後も、試行は独立であるという前提で話を進めます。

［演習 8.1］ コインを 10 回投げます。次の 3 つの結果のうち、起こる確率が最も大きいのはどれでしょう。

　(a) 表表表表表表表表表

(b) 表裏表裏表表裏表裏

(c) 表表裏表裏裏表裏表

[演習 8.2] 宝くじで一番当たる確率の高いのはどの番号でしょう？　組番号は同じとします。

(a) 739631

(b) 123456

(c) 222222

[演習 8.3] コインを 5 回投げて、表が 3 回以上続けて出る確率はどのくらいでしょう？　まず、感覚的にどのくらいかを答えてください。その後で、計算できる人は計算で求めてください（かなり難問です。5 回の表裏のパターンをすべて挙げて、表が 3 回以上続けて出る結果を数えるという手もあります）。

二項分布

図 20 の分布は、**二項分布**（binomial distribution）と呼ばれる分布の一例です。個々の正規分布が平均 μ と分散 σ^2 によって特徴づけられたのと同じように、二項分布も 2 つの値によって特徴づけられます。

二項分布は、2 つの結果（成功と失敗と呼びます）のどちらかが生じる独立な試行を、n 回繰り返したときの、成功の回数の確率分布です。偏りのないコインの表と裏は 0.5 ずつの確率で出ますが、一般の二項分布では 2 つの結果の生じる確率は違ってもよいとします。2 つの結果の一方を成功、もう一方を失敗と呼びます。成功が生じる確率を p、失敗が生じる確率を q とします。$p + q = 1$ ですから、p を与えれば q は $q = 1 - p$ として決まります。たとえば、ジョーカーを除く 52 枚のトランプから 1 枚でたらめに引いたとき、ハートならば成功、それ以外なら失敗とします。成功確率は $p = 0.25$、失敗確率は $q = 0.75$ です。

二項分布は、試行の回数 n と成功確率 p によって 1 つの分布が定まります。図 21 に、いくつかの n と p にたいする二項分布を示しました。

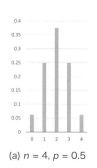

(a) $n = 4, p = 0.5$

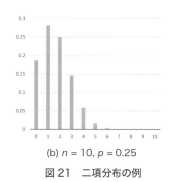

(b) $n = 10, p = 0.25$

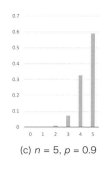

(c) $n = 5, p = 0.9$

図 21　二項分布の例

二項分布の平均と分散

　成功確率 p の独立な試行を n 回おこなったときの成功回数の平均は np、分散は $npq = np\,(\,1 - p\,)$ です。証明はすこし難しいので、省略します。確率的な現象における平均を、**期待値**（expected value または expectation）と呼ぶことがあります。日本語で「期待される値」という意味はありませんので、気をつけてください。

　平均については、次のように考えれば納得できます。1 回の試行で成功になる確率は p です。それを n 回繰り返すのですから、n 回中の成功回数の期待値は np です。分散については、このような簡単な解釈はありません。

p と q が極端に違わないかぎり、試行回数 n を増やすと二項分布は正規分布に近づく

　np と nq がともに大きいとき、二項分布は正規分布に近づくことが知られています。言い換えれば、成功確率 p と失敗確率 q が極端には違わないとき、試行回数 n を増やしていくと、二項分布は正規分布に近づきます。図 22 を見てください。p と q の値が異なるときは、図 21(b),(c) の分布のように左右非対称になりますが、それでも正規分布に近づいていくのです。

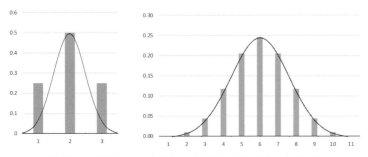

図22　試行回数 n が増えると、二項分布は正規分布に近づく

コラム8.2　透視術？

　昔、「透視術は本当にある」というテレビ番組を見ました。校庭の壇の上に先生が立ち、赤い紙か白い紙かのどちらかを背中に隠します。100人の生徒が赤か白かを当てます。57人の生徒が正しく当てたので、「透視術は本当にある」と言うわけです。

　生徒が当てずっぽうで赤か白かを選んだとしたら、これは100回のコイン投げの結果と同じです。当たる生徒の数は、$n = 100$、$p = 0.5$ の二項分布に従います。この分布の平均は $np = 50$、分散は $np(1-p) = 25$ です。標準偏差は分散の平方根ですから、5になります。$p = 1 - p = 0.5$ で等しいので、$n = 100$ にもなれば、ほとんど正規分布と同じです。

　仮に当てた生徒数が57人ではなく、55人だったとしましょう。55人は $\mu + \sigma$ に相当します。図13（p.53）によれば、$\mu + \sigma$ 以上の値が生じる確率は0.159です。つまり、100人の生徒が赤か白かを当てるとき、55人以上が正解の確率は1/6近くもあるのです。

　57人だともっと厳しくなります。57人（$\mu + 1.4\sigma$）以上である確率は、図13には表していませんが、0.081です。つまり、まったく偶然に赤か白かを選んでも、上の実験を何回も繰り返すと、約12回に1回は57人以上が正解ということが起こるのです。57人以上正解という結果が、**偶然**でも12回に1回は起きることを制作者たちが知っていたかどうか？　この結果から「透視術は本当にある」と主張するのは、私は疑問だと考えます。

演習の解答

[演習 8.1] どれも同じ、1/1024 の確率です。(a) や (b) のような規則的な出かたに比べて、(c) のような「偶然」そうな出かたのほうが確率が高いように思われるかもしれません。でも、コインに偏りがなく、10 回の試行が独立ならば、どれも 1/1024 の確率で生じます。

[演習 8.2] 基本的に演習 8.1 と同じ問題です。(b) や (c) のような規則的な当選番号は見たことがない。(a) のようなでたらめそうな番号のほうが当たる確率が高いのではないか、と考える人もいるでしょう。しかし、当選確率はどれも同じです。確かに (a) のようなでたらめそうな当選番号のほうが多いことは事実です。しかし、そのような「でたらめそうな番号」は (b)、(c) よりもずっと数が多いのです。

でもやっぱり宝くじを買うときは、(b) や (c) でなく (a) を買いたいって？　その気持ち、わかりますねえ。

[演習 8.3]　回答は 0.25、つまり 1/4 です。意外に大きいと思いませんか？

計算で求めるには次のようにします。表が 3 回以上続けて出る始まりの位置で分けて考えます。

① 表表表 x x
② 裏表表表 x
③ x 裏表表表

x は表でも裏でもよいという表示です。②の 1 回目が x でなく裏となっているのは、表表表表 x というパターンを①②で重複して数えないようにするためです。③の 2 回目が裏となっているのも、重複を避けるためです。

x は表でも裏でもよいのですから、①のパターンが 4 とおり、②と③が 2 とおりずつで、計 8 とおりになります。表裏のすべてのパターンは $2^5 = 32$ とおりですから、求める確率は 8/32 = 0.25 です。

実際に表が 3 回以上続けて出るパターンをすべて挙げてみます。表表表表表、表

表表表裏、表表表裏表、表表表裏裏、表裏表表表、裏表表表表、裏表表表裏、
裏裏表表表。以上8とおりです。

　例題 8.2 で見たように、確率的な事がらは思ったよりもばらつきが大きいものです。しかし、独立な試行の回数を増やしていくと、そのばらつきはしだいに小さくなります。

大数の法則

　二項分布の成功回数を試行回数 n で割って、成功の割合を考えましょう。この成功割合は、試行回数 n を増やしていくと、どのように変化するでしょうか？n 回の試行中の成功回数の平均は np です。分散は npq ですから、標準偏差は $\sqrt{npq}$ です 。成功確率 p と失敗確率 q を固定して、試行回数 n を増やしていくと、平均も標準偏差も大きくなります。平均は n に比例して大きくなりますが、**標準偏差は $\sqrt{n}$ に比例します**から、**平均よりもゆっくりと大きくなります**。

　成功割合の平均は $np/n = p$、標準偏差は $\sqrt{npq}/n = \sqrt{pq/n}$ になります。この標準偏差は $\sqrt{n}$ に反比例して小さくなっていきます。したがって、**成功割合は、試行回数 n を増やすにつれて、どんどん成功確率 p に近づいていく**[1]ことがわかります。

　このように、数値データの個数を増やしていくと、それらの数値の平均が真の平均に近づくということは、二項分布以外の分布でも成り立ちます。ただし、数値は独立な試行によって得るものとします。これを**大数の法則**[2] (law of large numbers) と言います。たとえば、サイコロを振って出た目の平均は、何回も繰り返していけば、3.5 に近づいていきます。日本人の 1 日の平均スマホ使用時間を推定するために、ランダムに何人かにスマホ使用時間を訊いていく

---

[1]　正確には「確率的に」近づいていきます。つまり、成功確率 p から指定した範囲内に成功割合がある確率がどんどん高くなります。
[2]　大数の法則には、弱法則と強法則があります。それらの正確な記述は、読者が目を回すといけないので、示しません。

と、最初のうちはばらつきが大きいでしょう。しかし、人数を増やしていくと、使用時間の平均はしだいにある値に落ちついていき、それが日本人全体の平均スマホ使用時間の推定値です。

　独立な試行によって毎回得られる数値を**標本**（sample）と呼びます。標本として得られた数値の平均を**標本平均**(sample mean)と言います。したがって、大数の法則を簡潔に言い表せば、「**試行回数を増やすと、標本平均は真の平均に近づく**」となります。

なぜ正規分布になりやすいのか？ ── 中心極限定理

　大数の法則は、「試行回数を増やすと、標本平均は真の平均に近づく」ということでした。実は、単に標本平均が真の平均に近づくだけでなく、**試行回数を増やすと、標本平均の分布は正規分布に近づき、その標準偏差が小さくなるため真の平均のごく近くに集まる**のです。これを**中心極限定理**（central limit theorem)と呼びます。

　もっと考える範囲を広げてみましょう。ある数値データの分布が、独立な細かな要因で決まる値の和で表されるとします。「独立」というのは、互いに影響を及ぼさないと言う意味です。こういうときにも、数値の分布は正規分布に近くなります。要因が完全に独立でなくても、要因に大小の差があっても、和の形から少し外れていても、正規分布に近い分布になると言われています。どの程度を「近い」と言うかにも依りますが。

　ある学年の男子（または女子）生徒の身長の分布が、その一例です。小問多数方式を採っている大学入試センター試験の科目の得点分布も、正規分布に近くなることを期待されますが、そうでもないようです。たぶん、各問いにたいする正誤が独立ではないためでしょう。

　この本を書くにあたって、正規分布に近くなりそうな数値の分布を探したのですが、意外に見つかりません。ある本に、場所を指定した桜の開花日、満開日は正規分布に近いと書いてありました。東京の靖国神社の桜の開花日を調べたところ、正規分布とは似ても似つかぬ、平坦に近い分布でした。満開日はふつう開花日の1週間後と言われますから、満開日も同じでしょう。データを確かめないで受け売りすることの怖さを感じました。

大数の法則と中心極限定理の応用

　大数の法則によって成り立っているビジネスがたくさんあります。たとえば、保険です。生命保険を考えてみましょう。一人ひとりの契約者がいつ死ぬかはわかりません。しかし、年齢・性別ごとに、契約者がたくさん居れば、大数の法則によって平均余命から保険料を定めることができます。自動車保険でも同じです。

　銀行も大数の法則と中心極限定理によって成り立っている企業です。一人ひとりの客をとれば、ある１日にどれだけ預金するか、どれだけ引き出すかはわかりません。しかし、大数の法則・中心極限定理によって、客全体の１日の預金総額、引き出し総額はある範囲に確率的に収まります。そのため、預金者が預けた金額のすべてを引き出しに備えて持っている必要はなく、そのごく一部だけを準備しておけば十分です。残りの預金の大半は、企業や個人に貸し付けます。それによって銀行は、貸付金利と預金金利の差（利ざや）を稼ぐことができますし、経済を支える役割を果たしています。

　取りつけ騒ぎは、このやりかたが破綻した場合です。それは、預金者の引き出し行動が確率的に独立でなくなったとき、つまり大数の法則の前提が崩れたときに起こります。

[演習 9.1] 大数の法則によって成り立っているほかのビジネスを見つけてください。

　大数の法則のほかの応用を見てみましょう。大学入試センター試験では、英語・国語・社会だけでなく、数学や理科でも大きな問題のなかがたくさんの小さな問題に分かれています。なぜでしょうか？　問題数が少ないと、偶然によって得点が実力よりも大きく上下する確率を抑えられません。小問にして問題数を増やすと、大数の法則によって本来の実力からの変動の幅を小さくできます。TOEFL や TOEIC でも、小問多数方式が採られています。

　テレビ番組の視聴率の調査が 2020 年 3 月から変わり、東京地区ではこれまで 900 世帯の調査であったものが、2,700 世帯に拡大されました。大数の

法則によって、誤差が小さくなったはずです。

[演習 9.2]

(a) 世帯単位でも二項分布だと考えると、900 世帯なら正規分布で近似できます。900 世帯の調査で視聴率 10% となったとします。それが実際の視聴率 μ から $\pm 2\sigma$ の範囲にない確率は、図 13（p.53）によれば 0.044 ですから、無視してもよいでしょう。$\mu \pm 2\sigma$ を使って、実際の視聴率が何 % から何 % のあいだにあるか、計算してください。

(b) 視聴率 20% のときは、10% のときより誤差の範囲は大きくなるでしょうか、小さくなるでしょうか?

(c) 2,700 世帯に増えたら、視聴率 10%、20% のとき、実際の視聴率はどんな範囲にありますか?

コラム 9.1　内閣支持率はなぜ新聞によって違うのか? —— 世論調査の読みかた

同じ時期に各新聞や NHK が行った世論調査で、内閣の支持率がけっこう違うのに気づいた人は多いでしょう。朝日と毎日の内閣支持率が低めに、読売と産経の内閣支持率が高めに出ることが多いのは、読者層によるものと考えた人もいるかもしれません。そうでないことは、産経の内閣支持率が朝日より低いことがあったりして、否定されます。

どのメディアも、読者や視聴者に関係なく、成人した国民全体の意見をうまく反映するように訊く人を選んでいます。国民すべてに訊かなくても、ある程度の人数に訊けば、大数の法則によって、国民全体の内閣支持率に近い値が得られるからです。

新聞社は RDD（Random Digit Dialing）という方式を使って意見を訊く人を選んでいます[3]。これは、コンピューターでランダムに電話番号を作り出して、電話をかけて訊く方法です。固定電話を持たない人も増えたので、携帯電話も含めています。国民全体の適切な抽出になるように、地域・性別・年齢層にしたがった補正を加えています[4]。

---

[3] NHK は層化無作為二段抽出法という方法で訊く人を選んで、郵送で意見を訊くことが多いようです（https://www.nhk.or.jp/bunken/yoron/nhk/process/sampling.html）。
[4] https://www.asahi.com/politics/yoron/rdd/

世論調査で聞く人を適切に抽出することは、みそ汁の味見にたとえられています。みそ汁を杓子ですくって味見をするとき、みそが十分に溶け、かき回して全体が一様になった状態でないと正確な味見になりません。

　それなのに、なぜメディアによって世論調査の内閣支持率が違ってくるのでしょう？　いくつかの原因があります。

　(1) 内閣を支持するか、支持しないかの2つの選択肢で考えると、上で学んできた二項分布に相当します。ですから、1,000人くらいに訊いたとしても、多少の誤差は生じます。各社とも、2～3％くらいの誤差に収まるように人数や集計方式を考えているようです。

　(2) 質問のしかたと回答の選択肢によっても、結果は違ってきます。「質問の前に意見を誘導するような説明を置いてはいけない」というのは、アンケート作成での鉄則です。しかし、この禁を犯している世論調査もあります。

　回答の選択肢と集計のしかたも影響します。たとえば選択肢が、

　　(a) 支持・不支持の2つ

　　(b) 支持・不支持・どちらでもないの3つ

　　(c) 支持・どちらかと言えば支持・どちらかと言えば不支持・不支持の
　　　　4つ（前2つを合算して「支持」、後2つを合算して「不支持」と集計）

のどれであるかで、当然、支持率も不支持率も違ってきます。

　世論調査で賛成・反対を問う質問に、「やむを得ない」とか、「限定的に認めるべきだ」という選択肢を入れると回答の分布が変わってくることが知られています。読売・産経の内閣支持率が高めに、朝日・毎日が低めに出るのは、質問や選択肢の細工によるものかもしれません。メディアによる率の違いよりも、同じメディアにおける時間的変化に注目するほうが良いと言われています 。

アンケートは回答率にも注意

　世論調査ではあまりありませんが、一般のアンケート調査では、回答者数だけでなく回答率にも注目する必要があります。せっかくRDD方式などを使って対象者の適切な標本になるようにアンケートで訊く人を選んでも、回答しない人が多いと、標本が歪んでしまうからです。たとえば、政令指定都市で行政簡素化のために区の数を減らすという案が出て、市民アンケートを取ったとします。回答率が低い場合には、回答しなかった人の多くが、区の数を減らすことに関心がない消極的現状維持派か、自分には関係ないのでどっちでもいいという無

関心派である可能性があります。

インターネットを用いたアンケート結果

　最近はインターネットを用いた調査も増えています。これは大きく2つの方法に分かれます。

(1) アンケートに答えてくれる人を募集して、答えてくれた人の意見を集計する。

(2) あらかじめインターネットを使っている人の集まりを何らかの方法で把握しておき、その中からランダムに選んでアンケートへの回答を依頼する。

　(1) は、インターネットを使っているという条件だけでなく、答えようと思う人だけの意見の集計ですから、国民全体の適切な標本とはとても言えません。

　(2) も、インターネットを使っている、アンケートを取る会社がSNSやメールアドレスを把握している、という制約条件がかかっています。上に述べた回答率にも注意しなければなりません。

　たとえば、「選挙でネット投票を実施すべきか」という質問にたいする賛成率は、国民から適切に回答者を抽出した世論調査に比べて、(2) のインターネット調査でも高くなるでしょう。(1) の答えようと思う人が答えるやりかたでは、それがもっと高くなります。

　インターネットを用いたアンケート調査結果は、一つの情報くらいと見なして、世論調査の一種と考えるべきではありません。

第9講のまとめ

・独立な試行によって数値データの個数を増やしていくと、それらの数値の平均が真の平均に近づく。これを大数の法則と言う。
・独立な試行の回数を増やすと、標本の数値は正規分布に近づく。これが世の中に正規分布する、あるいはそれに近いデータが多い理由である。

演習の解答

[演習 9.1] 小売業は、部分的には大数の法則を利用しています。客が弁当を買うか買わないかは、コンビニから見れば確率的と考えられます。しかし、大数の法則によって、半日に弁当が何個売れるかはだいたい見当がつきます。製造業も、需要の見積もりは大数の法則に依っています。

交通機関はもう一つの例です。平日のある時間帯に、何本の電車を何両編成で走らせればよいかは、大数の法則によって決めることができます。

[演習 9.2]

(a) 二項分布の $n = 900$、$p = 0.1$、$q = 0.9$ ですから、視聴している世帯の割合は、平均 $\mu = p$、標準偏差 $\sigma = \sqrt{pq/n}$ の正規分布にほぼ従います。

$\sqrt{pq/n} = \sqrt{0.1 \times 0.9/900} = \sqrt{0.0001} = 0.01$ ですから、標準偏差 σ は 1% です。したがって、$\mu \pm 2\sigma$ の範囲は 8% から 12% です。

(b) $p = 0.2$ に変わりますから、$\sqrt{pq/n} = \sqrt{0.2 \times 0.8/900} = 0.4/30 \fallingdotseq 0.013$。標準偏差 σ は 1.3% で、$\mu \pm 2\sigma$ の範囲は 17.4% から 22.6% と、大きくなります。

(c) 2,700 世帯に増えたら、$n = 2700$ を使って同じように計算して、視聴率 10%（$p = 0.1$）のときは $\sigma \fallingdotseq 0.0058$、すなわち約 0.6% です。$\mu \pm 2\sigma$ の範囲は 8.8% から 11.2% に縮まります。視聴率 20%（$p = 0.2$）のときは $\sigma \fallingdotseq 0.0077$、すなわち約 0.8% です。$\mu \pm 2\sigma$ の範囲は 18.4% から 21.6% です。

新聞に載るビデオリサーチ社の視聴率ランキングには、「標本調査のため統計上の誤差があります」と書いてあります。しかし、0.1% 単位で書かれている視聴率に、こんな大きな誤差があるとはふつう思わないでしょう。0.1% をめぐって視聴率を競っている番組関係者がこれを知ったら、ガックリくるでしょうね。

第 10 講　「統計的に有意」とは

「統計的に有意」とはどういうことか

　コラム 8.2「透視術?」では、12 回に 1 回起こるようなことは偶然とも考えられると述べました。第 9 講の視聴率の説明では、0.044 未満の確率は無視してもよいでしょうとしました。正規分布では、数学的には $-\infty$ から $+\infty$ まで非常に小さいながら 0 でない確率が存在します。しかし、実際問題としては、そのような非常に小さな確率まで考慮して判断したり、行動を決めたりするのは無意味です。そのために使われるのが「統計的に有意」（statistically significant）という考えかたです。2 つの集団の数値を比べて「統計的に有意な差がある」という言いかたもよくされます。

　ある結果が、偶然に起こるとすれば確率が小さすぎるかどうかを判断するのに、統計的仮説検定（statistical hypothesis test）、略して仮説検定という手法が使われます。「その結果が偶然に起きた」という仮説を立てて、それが否定されるかどうかをテスト（検定）するのです。起きる確率がある値未満だと、その仮説は否定され、偶然ではなく意味のある要因によって起きたと判断します。判断の分かれ目となる確率を、有意水準（significance level）と言います。有意水準としては、0.05（5% 水準）がよく使われますが、0.01（1% 水準）が使われることもあります。

　図 13（p.53）に記したように、正規分布を仮定すると、$\mu - 2\sigma$ より小さい確率も、$\mu + 2\sigma$ より大きい確率も、0.022 です。両側の確率を合わせて 0.05 にするために、片側 0.025 になる所を求めると、$\mu \pm 1.96\sigma$ となります。つまり、$\mu - 1.96\sigma$ より小さい確率も、$\mu + 1.96\sigma$ より大きい確率も、0.025 で、合わせて 0.05 になります（図 23(a)）。

　言い換えれば、平均 μ も分散 σ^2 もわかっている正規分布で、平均 μ から

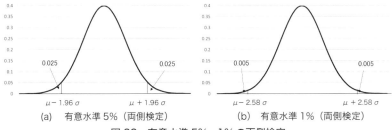

図23　有意水準5%、1%の両側検定

1.96 σ 以上離れた値が得られる確率は 0.05（5%）です。つまり、そのような平均から離れた値が偶然得られるのは、20回に1回以下です。ですから、それは偶然ではないと判断しましょうというのが、有意水準5%の仮説検定です[1]。

コラム 8.2（p.72）の例では、当てた人数が偶然に 57 人以上になる確率は 0.081 でしたから、5% の有意水準で偶然の結果であることを否定できません。視聴率の例では、$\mu \pm 2\sigma$ より外を無視するとしました。$\mu \pm 1.96\sigma$ にほぼ近いですから、有意水準5% での仮説検定を適用したことになります。

有意水準 1% の場合には、$\mu - 2.58\sigma$ より小さい確率と、$\mu + 2.58\sigma$ より大きい確率が 0.005 で、合わせて 0.01 になります（図 23(b)）。

上の仮説検定の説明は、基本的な考えかたを述べたものです。実際には、いろいろな場合に応じてたくさんの仮説検定法が開発されています。有意水準という概念はそれらすべてに共通です。仮説検定について詳しく知る必要ができたときには、統計学の教科書にあたってください。

有意水準はどうやって決めるか

有意水準5% で仮説検定を行うか、1% で仮説検定を行うかは、どのように決めるのでしょうか？　これは、要するに、「割り切りかた」です。20回に1回以下しか起こらないような結果なら偶然ではないと判断するか、もっと厳密

---

[1]　平均からの値の離れかたについて、小さいほうと大きいほうの両側を考えて、その確率の和が 0.05 になる場所を求めています。これを両側検定と言います。コラム 8.2 の例では、当てた人数 57 が平均 50 よりも大きいのが偶然かどうかを問題にしますから、片側検定になります。

に 100 回に 1 回以下しか起こらないときだけ偶然とは見なさないという選択を
するかです。有意水準だけでなく、仮説検定じたいが**便宜的な手法**なのです。
確率的な現象においては、ある結果が偶然に起こる確率は理屈を言えば 0 で
はありません。それをマトモに考えていたら、何も言えなくなってしまいます。だ
から、20 回に 1 回以下とか、100 回に 1 回以下とかの珍しい結果は、偶然
ではないと見なしましょう、という便法なのです。

「統計的に有意」に関する誤解や注意事項

　「統計的に有意」に関してよくある誤解や過ち、および必要な注意を述べます。
(1) 仮説検定をして、ある結果が偶然によるものではないと判断されたとき、そ
の結果が「正しい」という意味ではありません。あくまでも、「偶然に生じた結
果ではないだろう」ということです。ですから、その「正しさ」を別の方法で分析
するか、偶然に生じた結果である可能性も少しは残っているという保留付きで
対処する必要があります。

　逆に、仮説検定をして統計的に有意でないと判断されたとき、偶然による結
果だとか、正しくないとか決めつけるのも誤りです。ある薬に副作用があるかに
ついて、「統計的に有意な結果ではなかった」という論文が出て、それを「副
作用はない」と解釈されてその薬が使用されたことがあります。「その薬と副作
用のあいだには統計的に有意な関係がある」という別の論文も出ていたにもか
かわらず。

(2)「統計的に有意」であるからと言って、実際問題として「意味がある」かどう
かは別です。標本の数を簡単に増やせる場合には、標本数を増やすことによっ
て、統計的に有意な結果を容易に見つけることができます。たとえば、2 つの
集団で 100 点満点のテスト結果の平均が 0.5 点違ったとして、それが統計的
に有意であっても、実際問題として意味のある差なのでしょうか。

[演習 10.1] 上に書いた「標本数を増やすことによって、統計的に有意な結
果を容易に見つけることができる」のは、なぜか説明してください。

(3) 有意水準は、あらかじめ決めて仮説検定を行います。結果がわかってから有意水準を変更してはいけません。たとえば、有意水準 5% で仮説検定したら有意にならなかったので、水準 10% で有意とするなど。

ただし、研究や調査で多くの結果が得られたとき、そのなかで水準 5% で有意な結果にはある印を付け、水準 1% でも有意である結果には別の印を付けることは、よく行われます。

(4) **生存者バイアス**という問題があります。時期の異なる数値データを比較するさいに、そのあいだに死亡や退職・脱退をした人は含まれないという問題です。たとえば、ある企業の新入社員の 10 年後の昇給額を男女別に比較するとします。男性より昇給ペースが遅いのであきらめてやめていった女性社員が多ければ、これは結果に影響します。また、ある学習塾が「この塾で 1 年以上学習した生徒は、偏差値が平均 xx 点向上している」と宣伝しているとします。このデータには、偏差値が向上しなくてやめたり、他の塾に移ったりした生徒は含まれていません。

[演習 10.2] 生存者バイアスの他の例を示してください。

生存者バイアスについて、有名な実話があります。第二次世界大戦中、イギリスの戦闘機はドイツの戦闘機と激しい戦いをしていました。戦闘機の損傷を減らすために、機体の一部に装甲板を取りつけることにしました。戦闘機の性能を落とさないためには、全体に装甲板を取りつけるわけにはいかないからです。弾が当たっても帰還できた戦闘機の、弾が当たった所の分布を調べて、多く当った所に装甲板を取りつける予定でした。

ところが、ある統計学者が「弾がほとんど当っていない所に装甲板を取りつけるべきだ」と主張し、その主張が受け入れられました。

[演習 10.3] その統計学者はなぜそう主張し、またそれが受け入れられたのでしょうか?

(5) 結果を見てそれを仮説として検定を行ってはいけません。たとえば、ある人が駅までにかかるバスの時間が曜日によって違うようだと思ったとします。3か月間調べたら、週の前半（月火水）は後半（木金）よりも平均して長くかかるというデータを得ました。これを仮説検定して、統計的に有意な差があるという結論を得たとします。

このやりかたは間違いです。もし、月・木は火・水・金よりも平均して長くかかるというデータだったら、どう解釈しますか？

月火水は木金よりも平均して長くかかるというデータを得たら、これを仮説として、もう3か月データを取って検定するのが正しいやりかたです。

結果を見てそれを仮説として検定する間違ったやりかたを、「後づけ仮説検定」と呼ぶことにします。後づけ仮説検定に当たる議論はよく見かけます。たとえば、「この5年間に株価が○倍以上になった企業に共通する特徴は以下のとおり」などという記事は、ビジネス誌で見かけそうです。正しくは、そういう共通の特徴をもった企業の株価が、次の5年間にどうなるかを検証すべきです。

コラム10.1　平均への回帰

上の企業の株価の例は、**平均への回帰**という現象からも説明できます。平均への回帰は、次のような事実です。時間とともに変わるデータとして、平均よりもかなり大きな値が得られたときは、その次はそれより小さな値になる可能性が高いのです。たとえば、ある生徒がテストでふだんよりも高い点数を取ったとすると、その次のテストでは点数が落ちることを覚悟しておくほうがよろしい。ある野球選手が5打数4安打という活躍をしたときは、次の試合でもよく打つ可能性よりも、ふつうかそれ以下である可能性のほうが高いでしょう。

もちろん、これは各回の試行が確率的に独立（p.69）であることを仮定しています。実際には、勉強に熱を入れ始めたとか、いま調子がいいとかで、前の試行結果と後の試行結果とに相関がある場合もあるでしょう。しかし、演習8.3（p.70）で見たように、人は偶然に続いた幸運を、「ツキがある」と解釈しやすいのです。ですから、「この5年間に株価が○倍以上になった企業」に投資することは、慎重に考えるほうが良さそうです。

[**演習 10.4**] あるテストで成績の悪かった下位 10% の生徒だけを集めて、特訓をしました。次のテストでは、特訓をした生徒たちの成績は平均的に大きく上がりました。先生は特訓の効果があったと言っています。これを「平均への回帰」の観点から批判してください。

コラム10.2　下手な鉄砲も……

　多くの結果について後づけで仮説検定を行って、有意な結果だけを選び出すというやりかたがあります。第 12 講で例を出します。これを風刺した「テキサスの狙撃兵」というジョークがあります。大きな壁に向かって、めったやたらに銃弾を打ちこみます。銃弾が集中しているところと、まばらなところができます。集中しているところに的を描きます！

第 10 講のまとめ

・統計的仮説検定とは、ある結果が、偶然に起こるとすれば確率が小さすぎるかどうかを判断する方法である。偶然に起こるとすれば確率が小さすぎるため、何らかの意味のある結果であろうと考えることを「統計的に有意」と言う。

・これより確率が小さければ、統計的に有意であると判断する、境目の確率を有意水準と呼ぶ。有意水準としては 5% が使われることが多いが、1% が使われるときもある。

・「統計的に有意」に関しては、いくつかの注意すべき誤解や過ちがある。特に、結果を見てそれを仮説として検定を行ってはいけない。

・「平均への回帰」について学んだ。

演習の解答

[演習 10.1] 標本数を増やしていくと、第 9 講で学んだ中心極限定理によって、正規分布の分散、したがって標準偏差 σ がどんどん小さくなるからです。5% 有意水準の仮説検定のときは、平均 μ から 1.96σ 以上離れた値が得られれば統計的に有意

であるとされますから、σが小さくなればその範囲は広がります。

[演習 10.2]「私の治療法で全員治った」。

[演習 10.3] 弾がほとんど当っていない所は、そこに弾が当たった戦闘機は爆発するか、墜落して海に沈み、帰還できなかったことを示しているからです。

[演習 10.4] 最初のテストでたまたま成績が悪かった生徒も含まれていると考えられます。それらの生徒は、特訓しなくても、2回目のテストで成績が上がる人が多いでしょう。成績の向上には、それが含まれています。

　因果関係を考えるとき、隠れた要因が影響していることがあります。これまでにも、いくつかそのような例を見てきました。たとえば、第 7 講で取りあげた、相関が高いときの因果関係とのつながり (4) (5) (6) がそうです（p.61）。

　この講では、ふつうは単純な因果関係として論じられる問題において、気づかない隠れた要因がある例をさらに見てみましょう。

例 1　経済政策と景気

　景気の良し悪しは経済界だけでなく一般の人々の生活にかかわります。そこで、歴代の政権の評価として、その経済政策によって景気が良くなったか、悪くなったかが大きな判断要素となります。

　しかし、現在はグローバル経済の時代です。日本の景気の良し悪しは、そのときの政権の経済政策だけでなく、世界経済の好不調によっても大きく左右されます。とくに、アメリカの景気が日本経済に大きな影響を及ぼします。これは、経済がグローバル化する以前からでした。日本の経済はアメリカへの輸出によって支えられていましたから、アメリカが不景気になると、輸出額が減り、日本経済に大打撃を与えていました。俗に「アメリカがくしゃみをすると、日本は風邪をひく」と言われていたほどです。

　日本の景気の良し悪しが世界経済やアメリカ経済によって決まると言うわけではありません。そのときの経済政策だけでなく、世界やアメリカの経済の影響もあることを指摘しました。しかも、その影響が何割を占めるかを計る方法はありません。次の講で述べる "3 た" 論法の応用として、「こういう政策をした、景気が良くなった、効果があった」という言いかたにも注意する必要があります。

　もう一つの隠れた要因は、経済政策と景気のあいだに時間の遅れがあり得ることです。ある経済政策をとったからといって、すぐに景気が良くなるとはかぎ

りません。場合によると、景気が良くなったのは、前政権の政策の結果かもしれないのです。このことを国民の多くが理解していないと、各政権は短期的にすぐ効果のあらわれる経済政策へと走ります。長期的な視野に立った政策が立案・実行されないのは、結局国民に不幸をもたらすにもかかわらず。

例 2　若者が海外に行かなくなった？

　若者が内向きになって、海外に行かなくなったと言われています。本当か確かめてみましょう。

　図 24(a) に、1990 年から 2019 年までの、海外への日本人出国者の総数と 20 代の出国者数の変化を示します。濃い線が総出国者数、薄い線が 20 代の出国者数です。確かに、20 代の出国者数は、1990 年から 1996 年にかけて急激に増えた後、1996 年の 463 万人から 2015 年の 254 万人まで、半分近くに減っています。人数で言うと、約 210 万人の減です。外国で日本の若者を見かけない、居るのは韓国と中国の若者ばかりだと、よく聞きます。2016 年以降は回復傾向にありますが。

　これにたいして、総出国者数は、こちらも 1990 年から 1996 年にかけて急激に増え、その後も緩やかに増えています。総出国者数にたいする 20 代の出国者数の割合は、1995 年の 28.4% から 2015 年の 15.6% に下がっています（2019 年は 18.9% に回復しています）。これを見ると、確かに若者が海外に

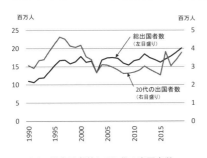
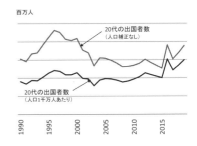

(a)　総出国者数と 20 代の出国者数　　(b)　20 代の出国者数（人口補正なし / あり）

図 24　若者は海外に行かなくなったか？

出典：出入国管理統計統計表（http://www.moj.go.jp/isa/policies/statistics/
　　　toukei_ichiran_nyukan.html#a02）から著者が作成。

行かなくなったように思えます。

　しかし、すぐ気づきますね。若者の人口が減っているのですから、出国者数が減るのは当たり前です。日本の総人口に占める若者人口の割合が減っているのですから、総出国者数に占める若者の割合も減るでしょう。1995年には1868万人居て総人口の14.9%であった20代人口は、2005年には1570万人（12.3%）、2015年には1262万人（9.9%）まで減っています[1]。20年間で2/3になったわけです。2015年以降はそれほど減らず、総人口も減っているので、ほぼ10%を維持しています。

　そこで、20代の人口1千万人あたりの20代の出国者数を図(b)の濃い線で示しました。薄い線は図(a)と同じ出国者の実数です。人口1千万人あたりで補正した20代の出国者数は、20%前後のほぼ一定で推移しています。2016年以降は増えているくらいです。

　以上の説明から、「若者が海外に行かなくなった」という主張は、若者の人口減を考えると、否定されることがわかりました。

　「若者の海外離れ」には、若者が海外に長期留学や長期滞在に行くことを望まなくなったという解釈もあります。私は事実かどうかわかりませんけれども。ですから、出国者数だけで「若者の海外離れはない」と言い切れるのかどうかは疑問ですが。

　小林直樹：『だから数字にダマされる』(日経BP社、2016)では、1章を割いて「若者の○○離れ」が本当かどうか検討しています。

[演習11.1] 若者の「クルマ離れ」にはどのような要因が影響しているでしょうか？　考えられる要因を挙げてください。

例3　少年の凶悪犯罪が増えている？

　よくある誤解の例として取りあげられるのは、「少年の凶悪犯罪が増えている」です。1997年に神戸市で起きた酒鬼薔薇（さかきばら）事件以来、少年によ

---

[1] 「e-stat 人口推計 長期時系列データ」から算出。

る凄惨な凶悪犯罪の報道がいくつかなされたため、「少年の凶悪犯罪が増えている」という誤解を多くの人が持っています。これが誤解であることを、パオロ・マッツァリーノが『反社会学講座』(イーストプレス、2004) で指摘しました。2007 年にちくま文庫で文庫化されています。これを、警察庁の犯罪統計をもとに復習してみましょう。犯罪統計では、少年犯罪を 14 歳から 19 歳までの男女による犯罪と定義しています。

　図 25(a) に、1991 年から 2019 年までの少年による凶悪犯罪の件数を実線で示しました。凶悪犯罪とは、殺人・強盗・放火・強制性交等です。このとおり、1997 年から 2003 年まではどういうわけか 2,000 件を超えて多いのですが、その後はどんどん減っています。参考までに、少年犯罪の全件数の変化も点線で示しました。縦軸を合わせるために、件数を 1/100 で表示しています。こちらも 2003 年あたりからほぼ単調に減っています。

　ここで横槍が入ることと思います。海外出国数と同じように、少年の人口が減っているから、少年犯罪の件数が減っているのではないか? と。では、少年の人口で割った件数を調べてみましょう。少年は 14 歳〜 19 歳でしたが、データが得やすい関係で、15 歳〜 19 歳の人口で割ります。正確な値が欲しいわけではなく、若年人口の減少が少年犯罪の減少にどの程度影響を及ぼしているかを調べたいだけですから、それでいいでしょう。

　図 25(b) に示す結果を見てください。実線は図 25(a) と同じく、少年による凶悪犯罪の件数です。点線は、15 歳〜 19 歳の人口 1 千万人あたりの凶悪犯罪の件数です。15 歳〜 19 歳の人口は、1991 年の 990 万人から 2019 年の582 万人へと約 6 割に減っています。そのため、人口補正をした点線のほうは、1991 年には実線とほぼ一致しているのに、2019 年の近くでは実線より 2/3 くらい上がっています。しかし、人口補正をしても少年の凶悪犯罪が、2003 年以降ほぼ単調に減少しているという事実には変わりがありません。良かったですね。

　図 25(a) で示した少年犯罪の刑法犯総数を人口補正したグラフは省略します。1991 年の 149,663 件が 2019 年の 19,914 件へと 13% に減ったのに比べて、15 歳〜 19 歳の人口は 59% にしか減っていません。少年の人口が減っ

(a) 少年犯罪件数の推移

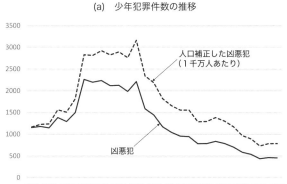

(b) 少年犯罪件数の推移（15 〜 19 歳人口で補正）

図 25　少年凶悪犯罪件数の推移（人口補正なし／あり）

出典：https://www.npa.go.jp/archive/toukei/keiki/h12/hon347.pdf, https://
www.npa.go.jp/archive/toukei/keiki/h21/h21hanzaitoukei.htm, https://
www.npa.go.jp/toukei/soubunkan/R01/R01hanzaitoukei.htm の少年犯罪

たことを考慮しても、22% への減、つまり少年の犯罪が 30 年間に 8 割近く減っ
たことになります。

　なぜこのように、少年の凶悪犯罪が実際は減っているのに、私たちはそれが
増えているように思っているのでしょうか？　それは、新聞・テレビのマスコミや
ネットニュースなどが、少数ではありますが凄惨な少年犯罪を大々的に報道し、
私たちの記憶にはそれが印象深く残っているからだと思います。「この 30 年間、
少年の凶悪犯罪は減っている」という報道をマスコミが大見出しでするとは思え
ませんし、多くの人はそういうニュースに注意を払わないでしょう。

マスコミは派手なことを派手に報道するという体質を持っています。私たちがそういうことを歓迎するからと言ってもよいかもしれません。

また、過去30年のあいだに、マスコミの報道量は格段に増えました。新聞のページ数の増加はよくわかりませんが、テレビのチャンネル数の増加は凄いものです。チャンネル数 × 24時間の隙間を埋めるため、ワイドショーなどの情報バラエティ番組が増えています。製作費が安くつくからだそうです。情報バラエティ番組は、報道番組ではなく、エンターテインメント番組と言うべきでしょう。

これにさらに、ネットニュースが加わっています。これは新聞やテレビを主なニュース源としています。私たちは、**情報を消耗品としてあくことなく消費しつづけているようです。**

例4　高齢者の運転による事故

少子化の影響を2つ考えたので、今度は高齢者の増加の影響を考えましょう。高齢者の運転による事故が問題になっています。図26は75歳以上の運転による死亡事故の件数と割合が、平成18（2006）年から平成28年にかけてどう変化したかを示すものです。件数はあまり増えていませんが、全体の死亡事故に占める割合は2006年の7.4%から2016年13.5%に増加しています。約1.8倍です。

ただし、ここでも75歳以上の高齢者じたいが増えているという問題があります。75歳以上の人がすべて運転をするわけではないでしょうけれども、その点は無視して、75歳以上の人口増加と比較してみます。75歳以上の人口は、2006年には1,164万人、全人口の9.1%でした。2016年には1,632万人、12.8%に増えています。こちらは約1.4倍です。

したがって、2006年から2016年にわたる75歳以上の運転者による死亡事故の増加は、人口増だけでは説明がつきません。しかし、全死亡事故に占める75歳以上の運転者の事故の増加の約半分は、75歳以上の高齢者が増えたことによると考えてもよいかもしれません。

私は、高齢者の運転事故の弁護をするつもりはありません。被害者のことを考えれば、できるかぎり無くしたいものです。しかし、上に見たとおり、高齢者

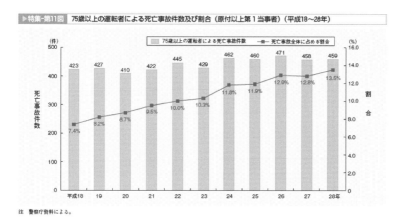

図26　75歳以上の運転者による死亡事故件数および割合の推移

出典：https://www8.cao.go.jp/koutu/taisaku/h29kou_haku/zenbun/genkyo/
feature/feature_01.html

が増えていくのですから、放っておけば自然に高齢者の運転による悲惨な事故が増えていきます。高齢者が運転しなくても済むような社会をどう作っていくかを考えなければいけないと思います。

その他の例

　日本人は働きすぎだと言われてきました。しかし、年間総労働時間は1970年の約2,220時間から2015年の1,700時間に減ってきています[2]。しかし、この数値はパートタイムなどの非正規労働者の分を含んでいます。ですから、非正規労働者の割合が増えたことが見かけ上の減少に影響しています。

　いつも気になるのですが、GDPは米ドル建てで表示されます。国際比較の点からは当然ですが、為替レートの影響を受けるはずです。為替レートが安定しているときは問題になりませんが、大きく変動したときはその影響を考えて論じるべきかもしれません。米ドル建てで表示された金額の推移については、為替レートの影響がつきまといます。

[演習 11.2] ある会社は、同じ職ならば男女同一賃金を採用していると言っています。それにもかかわらず、その会社の男性社員の平均賃金は女性社員の平

2　https://honkawa2.sakura.ne.jp/3100.html

均賃金よりかなり高いのです。その理由として考えられることを挙げてください。

[演習 11.3] 「公務員の給与が民間に比べて高すぎる」という批判をよく耳にします。このとき、比較される民間給与の値がどういう範囲の集計結果であるかによって、公平な比較になっていない場合があります。どんな場合か、考察してください。

第 11 講のまとめ

　　単純な因果関係として論じられる問題において、気づかない隠れた要因がある例をいくつか見た。

・経済政策と景気
・若者は海外に行かなくなったか
・少年の凶悪犯罪が増えているか
・高齢者の運転による事故の増加は、高齢者の増加も一因

演習の解答

[演習 11.1] 次のような要因が考えられるでしょう。
・東京圏のような大都市では公共交通機関が発達していて、車庫を持ち維持費をかけてまでクルマを持つ気にならない。クルマの必要な田舎には若者の職がなく、東京圏へ出てきて、東京一極集中になっている。
・大半の若者の収入は、やっと生活できる程度で、ドライブに誘う恋人もおらず、結婚も子どもを持つこともできない人が多い。
・将来が不透明なので、ローンを組んでクルマを買うことがしにくい。

[演習 11.2] 平社員は男性よりも女性が多く、上の管理職に行くにつれて、女性にたいする男性の比率が大きい可能性があります。年功序列をある程度取り入れた賃金体系ならば、女性のほうが早く辞めていくことも影響しているかもしれません。

[演習 11.3] 例示します。
・集計された民間の給与には正規労働者だけでなく、非正規労働者も入っていることがあります。
・公務員は事務職が大半だと思いますが、民間給与の集計にはさまざまな職種の人たちが含まれています。事務職どうしの比較をすべきでしょう。
・大企業だけでなく中小企業も含めた値と比較するのが適当かどうか、という問題もあります。

第12講　"3た"論法を信じますか — データの信頼性

　"3た"論法とは、「飲んだ、治った、効いた」という論法です。サプリメントや健康食品の宣伝でよく目にします。中山健夫が「付録 さらに勉強したいときは」(13) で紹介しています。

　この講では、健康・医療情報を題材に、データの形で与えられる情報がどれだけ信頼できるか、つまりデータの信頼性について考えていきます。

怪しげな健康・医療情報

　世の中には、健康や医療に関する情報があふれています。高齢者が多くなったのと、健康への関心の高まりからでしょう。しかし、多くの情報はとても信頼できるとは言えないものです。どのような情報（データ）ならば信用できるのでしょうか?

　上記の本で中山は、健康・医療情報には松竹梅があると言っています。うな重に松竹梅があるのと同じです。実際には、データの信頼性を6レベルに分けています。"3た"論法はレベル6のさらに下です。昔の人が雨乞いのために行者を呼んで、「祈った、降った、効果があった」と思ったのを笑えません。

　ある病気の人30人にある薬を飲んでもらって、うち18人が症状に改善がみられたとします。その薬は有効だと考えていいのでしょうか?　人の体は自然に病気を治す力を持っています。ですから、その薬を飲まなくても症状が改善するかもしれません。同じ病気の20人には薬を与えないで、自然に回復するかどうかを見ました。20人中11人に症状の改善がみられました。表9に2つの結果をまとめます。このような表を**2×2表**と呼びます。より一般的な**クロス集計**という言葉が使われることもあります。必要に応じて2×2表で考えることは、データにごまかされない一つの方法です。

表9　薬の有無と症状の改善の関係

	改善あり	改善なし
薬を飲んだ	18	12
薬を飲まない	11	9

　薬を飲んだとき、症状が改善した人の割合は 18/30 = 0.60、薬を飲まなくても症状が改善した人の割合は 11/20 = 0.55 ですから、薬の効果があったかどうかは疑問です。きちんと論じるには、第 10 講で述べた統計的検定を使います。

偽薬効果

　表9の上の行、「30 人にある薬を飲んでもらって、うち 18 人が症状に改善がみられた」にたいして、下の行を**対照群**（control group）と呼びます。対照群なしの薬の効果の主張は、いろいろな点で弱いのです。対照群には、他の薬を飲むとか、薬とそっくりの偽の薬を飲むといった選択肢もあります。

　新たに開発された薬の効果を調べるために、偽の薬を飲むグループを対照群としたところ、ほとんど違いがなかったという例がいっぱいあります。これを**偽薬効果**（placebo effect）と言います。偽薬にあたる英語（placebo）を用いて、**プラセボ効果**、あるいは**プラシーボ効果**というのが普通ですが、わかりやすいように、偽薬効果と表しました。医者が「これは偽薬ですから、効果はありませんよ」と説明して渡しても、本物の薬と効果にたいした違いはなかったという例すらあります（ジョー・マーチャント：『「病は気から」を科学する』、p.60、講談社、2016）。先に述べたように、そもそも人間には、いろいろな病気を自然に治す力が備わっているのです。

ランダム化比較試験と二重盲検法

　このような偽薬や他の薬との比較試験をするさいには、患者をランダムに 2 つのグループに分けます。これを**ランダム化比較試験**（randomized controlled trial）と言います。このとき、さらに**二重盲検法**（double blind method）というやりかたがとられます。二重盲検法は、どちらの薬か（本物の薬か偽薬か）が、患者にも医者にもわからないようにランダムに割り当てる方法です。

[演習 12.1] 薬を飲むか飲まないかではなく、偽薬を使うのはなぜでしょう？

[演習 12.2] 患者が本物の薬か偽薬かを知ってしまうと、心理的な要因を排除できないので当然です。しかし、なぜ医者にもわからないようにするのでしょうか？

　1980 年代前半に、認知症に効果があるとして販売が許可になり、けっこう売れた薬があるそうです。1990 年代前半に二重盲検法によるランダム化比較試験を行ったところ、効果がないことがわかり、販売が取り消されたという例もあります。

　手術をするかしないかの効果の比較には、二重盲検法は使えません。また、本物の薬を使わないと重大な病状の進展のおそれがある場合には、偽薬を用いたランダム化比較試験は許されません。催眠療法で多くの病気を治した実績を誇る医者が、アメリカの NIH（国立衛生研究所）に公認の治療法と認めてほしいという申請をしました。しかし、二重盲検法によるランダム化比較試験で効果を立証した方法しか公認できないと言われて、却下されました。「催眠療法で、どうやって二重盲検法ができるんだ」と不満をぶちまけています（上記の『「病は気から」を科学する』、p.153）。

健康・医療情報の松竹梅

　健康・医療情報の松竹梅の話に入りましょう。実際には、松竹梅の 3 段階どころか、中山健夫によると、表 10 の 6 段階あります。上のほうほど信頼できるレベルです。元の記述は専門的でしたので、いくつかわかりやすい記述に置き換えています。以下の説明も厳密さを犠牲にしているところがあります。

表 10　健康・医療情報の信頼性レベル

レベル	
1	系統的レビュー（メタ解析）
2	ランダム化比較試験
3	非ランダム化比較試験
4	症例・対照研究
5	症例報告や症例集積
6	データに基づかない専門家の意見

レベル1（最も信頼できるレベル）の系統的レビューというのは、メタ解析とも呼ばれます。ある病気にたいするある治療法の効果について、たくさんの論文が出ているときに、それらを系統的に調べて、論文全体として、何が言えるかをまとめた論文です。

　たとえば、こんな論文です。

・「効果があると統計的に有意に言える」とする論文が12編
・「効果があると統計的に有意には言えない」とする論文が5編
・「効果がないと統計的に有意に言える」とする論文が2編

あった。論文の質も考慮して、効果があると考えてよいと結論する。

[演習 12.3] 復習です。「効果があると統計的に有意には言えない」と、「効果がないと統計的に有意に言える」とはどう違うのでしょう？

　レベル2のランダム化比較試験については、上で説明しました。ランダム化比較試験では、すでに述べたように、年齢分布・性別の割合・病状などが同じ患者の集団と考えられる人たちを、ランダムに2つのグループに分けます。一方を効果を測るグループ、もう一方を対照群として比較するわけです。

　そのようなランダム化比較試験ができないとき、レベル3の非ランダム化比較試験で比較することも行われます。ある点を除いて同じと考えられる人たちについて、比較できる2組のデータがある、または調査できるときに用いられます。たとえば、ある町のある年齢層の住民のなかで、煙草を吸う人と吸わない人に分けて10年間追跡調査をするといったことが考えられます。

　「付録　さらに勉強したいときは」（10）には、「医師の性別と患者の死亡率のあいだに因果関係はあるか」について、既存のデータを活用して研究を行った例などが紹介されています。

　レベル4の症例・対照研究は、ランダム化比較試験や非ランダム化比較試験とは違って、同じ条件にある患者をランダムに2つに分けたとは言えないような症例の対照研究です。レベル5は、そういう対照もしていない、単なる症例

の報告やその集積です。集めた症例の数がいくら多くても、それらが偏っている可能性があり、また対照群との比較が欠けています。レベル6のように、たとえ専門家からであってもデータに基づかない意見は、信頼性がさらに下に位置づけられます。広告などで紹介される、素人やタレントが「効いた」という意見は、レベル6のさらに下でしょう。

　レベル2～3の比較試験によって集められたような、客観的なデータに基づいて医療の効果を判断しようというやりかたを、**根拠に基づく医療**（Evidence-Based Medicine、略してEBM）と呼びます。EBMは、ここ数十年のあいだに少しずつ広がってきています[1]。

　以上、健康・医療情報について信頼性の高さをどのようにとらえたら良いのかを見てきました。この知識は、他の種類の情報の信頼性を評価するときにも応用できるでしょう。
　ただし、次のようにも言えます。「これこれという生活習慣によってがんにかかる率が○倍になる」といった健康情報が、世の中に満ちあふれています。これらは、多くの人の調査によって得られた「平均的な」結果です。個々人によって、生活も体の状態も違うのですから、あなたに（あるいは私に）どこまで当てはまるのかはわかりません。この点がいつも釈然としないのです。こういう健康情報にたいする受けとめかたは、人それぞれで良いのではないでしょうか。

検査の結果と病気の有無 ── 誤検出と見逃し

　がんであるかないかを簡単に検査する画期的な方法が開発されたとしましょう。その検査で10,000人をテストしました。そのうち、がんであると判定された人は200人、そのなかで実際にがんであった人は40人だったとします。つまり、160人/200人＝80%の人を誤ってがんだと検出したことになります。これを**誤検出率**80%と言います。**誤検出**をしても病気の点では大問題ではありませんが、誤検出率は低いにこしたことはありません。よけいな心配をさせる

1　他の分野でも、Evidence based ～ということが言われてきています。Evidence based education（根拠に基づく教育）とか、Evidence based policy making（根拠に基づく政策決定）とか。日本はこういう取り組みに関して遅れているように思います。

とか、精密検査で無駄な費用や時間がかかるというマイナス面があるからです。誤検出は、野球で言えば空振りにあたります。

　一方、もっと大切なのは、実際にがんである人をどれだけ正しく検出できるかです。実際にがんであった人 45 人のうち、検査でがんであると判定された人は 40 人であったとします。5 人が見逃し（検出洩れ）です。5 / 45 ＝ 11% を見逃し率、あるいは検出洩れ率と言います。

　この結果を表 11 にまとめます。

表 11　がん検査の判定とがんの有無

検査 ＼ 実際	がん	がんでない
がん	40	160
がんでない	5	9,795

　実際のがん検診のデータを見てみましょう。乳がんは、精密検査を勧められる人が多いことで有名です。日本対がん協会のデータ[2]によると、乳がん検診を受けた人 126 万 1551 人のうち、精密検査が必要と判定された人の割合は 4.47%。その 91.00% が実際に精密検査を受診し、そのうちがんが発見された人の割合は 5.9%、3043 人でした。検診を受けた人の 0.24% です。ですから、乳がん検診を受けた人のうち、約 22 人に 1 人は「精密検査が必要」と言われてびっくりするのですが、そのうちの 17 人に 1 人しか、乳がんの人はいないのです。

　精密検査が必要と判定されても、実際に乳がんである人は 17 人に 1 人しかいないのは、乳がんである人（3043 人）よりも、乳がんでない人（1261551 － 3043 ＝ 1258508）のほうが圧倒的に多いからです。しかし、がんであることを見逃すと大変ですから、乳がん検診における見逃し率（検出洩れ率）を 0 に近く抑えるために、少しでも怪しい人は精密検査に回すようにしているのです。残念ながら、乳がん検診における見逃し率は公表されていないようです。

　乳がん検診において、見逃し率を 0 に近く抑えて精密検査に回ってもらう人

2　https://www.jcancer.jp/about_cancer_and_checkup/ 各種の検診について / 乳がんの検診について / 検診の意義と目的

を多くしているのは、**期待損失**という考えかたをすると納得できます。期待損失というのは、損失（コスト）の発生が確率的に起こるときの、損失の平均値（期待値）です。

　見逃しの場合には、乳がんであることを見逃さず、精密検査という判定をしたときは、損失が0です。がんであることは大きな損失ですが、乳がん検診じたいの損失としては、見逃さなかったので損失0です。したがって、見逃しの場合の期待損失は

　　　見逃しの期待損失 ＝ 見逃しによる損失 × 見逃し率

となります。

　これにたいして、がんであることを正しく検出して精密検査に回したときの損失は0ですから、

　　　誤検出の期待損失 ＝ 誤検出による損失 × 誤検出率

となります。

　両方の期待損失をほぼ同程度の大きさに抑えようと考えてみます。見逃しによる損失は、後になってがんであることがわかるときの損失です。わかったときには病状がひどく進んでいるかもしれませんから、これは、誤検出による損失（精密検査を受けるコスト）に比べて非常に大きいと考えられます。つまり、

　　　見逃しによる損失 ≫ 誤検出による損失

ここで、≫ は非常に大きいことを表します。そこで、両方の期待損失をほぼ同程度に抑えるためには、

　　　見逃し率 ≪ 誤検出率

とする、すなわち、見逃し率を非常に低くする必要があるわけです。≪ は非常に小さいことを表します。

　コロナウイルス関連のPCRや抗原検査では、1 － 検出洩れ率を感度と呼び、1 － 誤検出率を特異度と呼んでいます。感度はともかく、特異度という用語は意味がつかみにくいと思います。

　第10講で学んだ統計的仮説検定においても、見逃しと誤検出にあたる概念が出てきます。あるデータが偶然に生じたものではない、あるいは2つのデー

タは偶然による差ではない、ということを検定しようとします。

そのデータが偶然ではなく意味のあるものであったにもかかわらず、検定の結果、偶然であることを否定できなかった（有意水準に達しなかった）という誤りを、第1種の誤りと言います。それにたいして、偶然生じたデータを、偶然ではない意味のあるものだという検定結果を出す誤りを、第2種の誤りと言います。データを意味のあるものと考える側から見れば、第1種の誤りが見逃し、第2種の誤りが誤検出に当たります。

第1種の誤り、第2種の誤りという言いかたは、紛らわしくて、私もいつも本などで確かめてから使っています。

コラム12.1 「ゼロリスク」という罠

ある危険とか災害にたいして、それが起こらないように対策を立案する場合を考えましょう。深刻な問題としては、原子力発電所の事故とか、台風や集中豪雨による川の氾濫があります。

さまざまな危険にたいして、それが起こる可能性を0にすべきだ、あるいは十分満足できる程度に小さくすべきだという主張を、**ゼロリスク論**と言います。ゼロリスク信仰と揶揄する人もいます。

危険を0にしようとすると、対策に膨大なお金をかけなければならないことが多いのです。ふつうは、危険が起こる確率と対策費用との兼ね合いで、どの程度の確率は我慢するか、どの程度の対策をするかが決まります。しかし、ゼロリスク論者は、危険の確率が0でなければならないと主張します。

例を挙げましょう。2001年、イギリスでの狂牛病発症に伴って、日本だけが抜き取り検査（第9講を参照）でなく、全頭検査を行い、2017年3月まで続けました。全頭検査にはリスク削減の意味はないにもかかわらず、食品だからゼロリスクが望ましいという国民とマスコミの声に厚生労働省が従っていたためです。

福島第一原子力発電所の事故によって、放射性物質がまき散らされました。汚染された地域へいつ戻れるかは、その地域の外部被ばく（体外の放射線からの被ばく）量[3]がどこまで下がるかによって決まります。長期にわたって人体

---

3 「付録 さらに勉強したいときは」(16)を参照。

に悪影響のない外部被ばく量がどのくらい低い値であるかは、よくわかっていません[4]。ゼロリスク論者は、「絶対に」人体に悪影響がないと言い切れる外部被ばく量に下がるまで、避難指示地域への帰還を行うべきでない、と主張しました。この主張をする人たち（避難者自身も含まれる）と、それを擁護するマスコミによって、避難指示地域への帰還は大幅に遅れました。

　国際的に提案されているもっと緩い外部被ばく量の基準に従って帰還を決めた場合と比較してみましょう。ゼロリスク論によって、たぶん除染費用は大きく増えたと思います。もっと問題なのは、外部被ばくによる人体への悪影響というリスク以外にもリスクがあり、それらがゼロリスク論ではまったく考慮されないことです。次のようなリスクがあります。

　　・帰還が遅れるにつれて、避難先での生活が定常化していき、帰還可能になっても戻る人が少なくなります。ある地域では、２割の人しか戻っていないと言います。それでは商店街も成り立たず、地域の復興とは言えません。

　　・特に高齢者の場合、避難先や仮設住宅で、これまでの人間関係や生活環境と切り離されたために心身を病み、亡くなった人も多く出ています。

　外部被ばく量のゼロリスク論者は、除染費用やこういう他のリスクとのバランスを考えないで、外部被ばく量の一点に絞ってゼロリスクを主張したわけです。

　原子力発電所のメルトダウンのような、長期にわたって広い範囲に甚大な被害をもたらす事故は、ゼロリスクでないと困ります。しかし、もっと軽度や中程度の危険にたいしてまでも、対策費用や他のリスクとの兼ね合いを考えずにゼロリスクを主張することには、問題があります。日本では、ある危険についてゼロリスクを声高に主張する人たちがおり、マスコミがそれに同調し、政府や官庁がそれを説得する努力を怠る例がいくつか見られます。地盤の汚染による築地市場から豊洲への移転の遅れも、その一例です。

　ゼロリスク信仰は、個人の生活に入ってきている場合もあります。子どもをゼロリスクで、あるいはできるだけリスクに遭わないように育てようとすると、別の大きな面で子どもに将来のマイナスを背負わせることにならないかと心配します。たとえば、多少危険な遊具の使用、学校帰りの道草、ちょっと悪がかった友だちとの交際などです。

4　どんな低い線量の被ばくであっても発がんの確率が増えるのかどうかについては、いろいろな説があって、はっきりしません。自然に受ける放射線量との比較によって、妥協値が決められます。

コラム 12.2 「わたしの地震予知は当たる」

健康・医療情報を題材にして学んだことを、地震の予知に応用してみましょう。

「大きな地震の前には、こういう予兆がある。わたしはその予兆に気づいて過去5回の地震のうち3回当てた」などと言う人がいます。本当に当たるのでしょうか？　地震学者が海底にさまざまな観測機器を置いて地盤の歪などを計測していても、現時点では地震予知は難しいという結論です。

先の、予兆によって地震を予知したと主張する人の言い分には、いくつかの問題点があります。多くの場合、

・どのくらい前に予知できたのか

・地理的にどの範囲の地震が予知できたのか

・震度いくつ以上の地震が予知できたのか

が明確に区切られていません。自分の主張に都合の良いように融通無碍に選ばれている可能性があります。

一番の問題は、「5回の地震のうち3回予知できた」というだけで、「予兆が起こったうちの何回地震が起きたか」が述べられていないことです。

予兆が起こった20回のうち、3回地震が起きたということであれば、警報として意味があるかもしれません。もちろん、

・どのくらいの期間に起きるのか

・どこで起きるのか

・震度はいくつくらいか

が明確にされれば、の話です。

予兆が起こった50回のうち、3回地震が起きたということであれば、警報としても意味がないでしょう。オオカミ少年の話と同じことになってしまいます。

予兆として選べる可能性のある自然現象は、何十何百とあると思います。その中で、起きた地震と関係づけられる現象があるかもしれません。期間、地域、震度をあらかじめ限定せず、見つけたデータに合わせて決めればもっと容易になるでしょう。「テキサスの狙撃兵」（コラム 10.2、p.87）を思い出します。

南海トラフ地震と東京直下地震の長期予測については、丹羽宇一郎：『日本をどのような国にするか──地球と世界の大問題』（岩波新書、2019）の第4章「地震予知・対策はどこまで可能か」（林春男との対談）が、わかりやすい説明です。

第 12 講のまとめ

・健康・医療情報の信頼性については、表 10 に示す 6 レベルある。
・薬を飲んで症状が改善した人が多かったとしても、他の薬や偽薬を服用する人たちを対照群とした比較試験を行うべきである。
・最も望ましい比較試験は、二重盲検法によるランダム化比較試験である。
・根拠に基づく医療（Evidence-Based Medicine）が進んでいる。
・検査の結果と病気の有無との関係を考えるには、誤検出率と見逃し率が重要である。
・「ゼロリスク」という考えかたには、問題があることが多い。
・素人の地震予知のからくりを知った。

演習の解答

［演習 12.1］ 薬を飲むグループと飲まないグループとの比較では、薬を飲んでいるというだけで病気の回復に心理的な効果がある可能性を排除できないからです。

［演習 12.2］ 医者がどちらの薬（偽薬）かを知っていると、患者に接するときの態度にあらわれてしまうことがあるからです。薬の効果の実証はそこまで厳密に行われているわけです。

［演習 12.3］「効果があると統計的に有意には言えない」というのは、「効果があるように見えたのは偶然の結果かもしれず、実は効果がないかもしれない」ことを意味します。

　「効果がないと統計的に有意に言える」というのは、「効果がないという結果は、偶然ではないと考えてよい」ことを意味します。

第 13 講 引っかけグラフにご用心

社長の自慢

図 27(a) を示して、社長が自慢しています。「わしが社長になってから 3 ヶ月、このとおり売り上げがうなぎ上りだぜ」。

ちょっと待ってください。図 27(a) のグラフの縦軸は 0 から始まっていません。こういうときは、図 (b) のように、縦軸の途中が切れていることを明示しましょう。

縦軸の途中を切ることをせず、0 から始めたグラフが図 (c) です。これを見ると、そんなに社長の自慢するように売り上げが大きく伸びているようには見えません。しかも、図 (c) では、1 月から示すようにしました。1 〜 3 月に比べて、4 〜 7 月は売り上げが多少落ちこんでいた時期でした。社長は自分に都合のよいように 4 月以降のグラフしか見せなかったのです。

このように、自分にとって都合のよい期間だけのグラフを示すという手はよく用いられます。政治家の常套手段です。たとえば、前政権の後半に数値が上がり始めていたのに、自分の政権になってからの数値の上昇しか示さないとか（第 11 講の例 1 を参照）。地球温暖化についても、地球の平均気温を過去どのくらいの年数のスケールで考えるか、どの期間を切り取るかで、グラフの形は大きく変わります。地球温暖化懐疑論者の一部は、地球温暖化論者が自分たちに都合のよい期間のグラフを示していると批判しています。

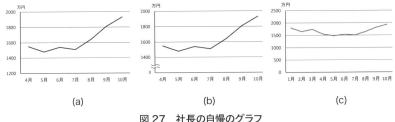

図 27　社長の自慢のグラフ

この講では、ごまかしを意図したり、不注意だったりして、不適切なグラフ表示となっている例を学びます。表計算ソフトのグラフィック機能を使って簡単にグラフ表示ができますので、あなたがグラフ表示するときに避けなければいけない例でもあります。

グラフの種類と使いかた

よく使われるグラフは、**折れ線グラフ**（line graph）、**棒グラフ**（bar chart あるいは bar graph）、**円グラフ**（pie chart）、**帯グラフ**（band chart あるいは band graph）の 4 種類です。円グラフを英語でパイチャートと呼ぶのは、パイを切り分ける形に似ているからです。そのほかに、2 つのデータの関係を示すには散布図（図 15、p.57)が使われます。

【例題 13.1】(1) 折れ線グラフ　(2) 棒グラフ　(3) 円グラフ　(4) 帯グラフ
上の 4 つのグラフを使う目的を、それぞれ一言で、次の言葉から選んでください。
　　(a) 割合　(b) 複数の割合　(c) 比較　(d) 変化
　[解答]　(1) d　(2) c　(3) a　(4) b

折れ線グラフは、あるデータの（時間的）変化を表すのに使います。それにたいして、棒グラフは、あるデータのいくつかの値を比較するのに使います。折れ線グラフの横軸は第 1 講で学んだ間隔尺度（p.7）であるのにたいし、棒グラフの横軸は名義尺度であることが多いです。たとえば、4 つの支店の売り上げの表示など。このとき、4 つの支店を並べる順序にとくに意味はないはずです。順序尺度や間隔尺度（たとえば学年）である場合もありますが。

円グラフと帯グラフは、全体にたいする個々の値の割合を示すのに使います。いくつかの割合を比較しやすいように表示するには、円グラフではなく帯グラフにします。たとえば、家と塾での 1 日の学習時間の分布を、中 1 から高 3 の学年ごとに表示するには、帯グラフが適しています。

縦軸と横軸についての注意

折れ線グラフの縦軸は、絶対に 0 から始めなければならないというものでは

ありません。たとえば、図 27(c) に示した売り上げ高の変化は、あまりよくつかめません。やはり図 27(b) のように縦軸の一部だけをもっと引き伸ばすほうが、変化は見やすいでしょう。また、ここ 30 年間の日本の人口の変化を示すとしたら、1 億 2 千万人台で推移していますから、縦軸を 0 から始めたら、ほとんど平坦なグラフになってしまいます。

これにたいして、棒グラフの縦軸は 0 からはじめるべきです。なぜなら、棒グラフは基本的に第 1 講で学んだ比率尺度（p.7）の表示に使われるからです。比率尺度は 0 からの大きさに意味がありました。図 28 のグラフは、誤った印象を与えるおそれがあります。

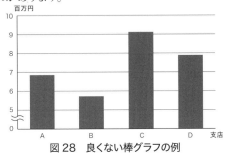

図 28　良くない棒グラフの例

棒グラフの横軸が区間である場合、たとえば 10 歳ごとの年代別の値の表示をするときは、区間の端がどちらに属するのかがわかるようにしてください（第 2 講、p.19 参照）。

3 次元のグラフは使わない

表計算ソフト Excel には、円グラフを 3 次元的に（立体的に）表示する機能があります。例を図 29(a) に示します。図 (b) は同じデータを 2 次元の円グラフで描いたものです。(b) を見ると、A と C は同じ割合（30%）です。しかし、(a) では C のほうがずっと大きく見えます。D と E も同じ割合（15%）ですが、D のほうが少し大きく見えます。

このように、3 次元の円グラフでは、楕円表示のため、縦方向は小さく横方向は大きく表示されます。ですから、3 次元の円グラフを使ってはいけません[1]。

1　2 次元の円グラフも使うべきでないという意見もあります。水平方向と垂直方向で長さや面積の知覚が違うためです。

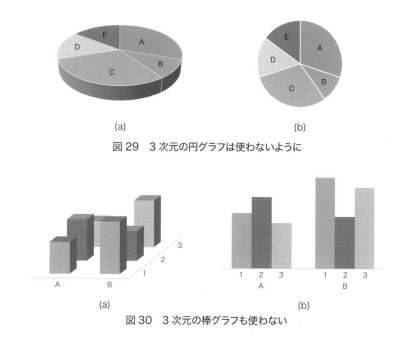

図29　3次元の円グラフは使わないように

図30　3次元の棒グラフも使わない

　図30(a) は、Excel で描いた3次元の棒グラフです。円グラフの、楕円表示による変形はありません。しかし、人間は遠くの棒を、表示してある高さよりも高いと認識するおそれがありますから、やはり使ってはいけません。B列の、B1 より B3 のほうが棒が高く見えませんか？　図 (b) のように2次元で表示することを勧めます。

モノの大きさで値を表すときの注意

　図31 は、都道府県別のみかんの生産量の上位3県（2019年）を示した図です。各県のみかんの生産量の比をみかんの大きさで表しています。問題は、生産量の比をみかんの直径にしてしまったことです。1位の和歌山県の生産量は、3位の静岡県の約1.8倍なのですが、みかんの絵の大きさ（面積）は $1.8^2 ≒ 3.3$ 倍に見えます。立体的に見れば $1.8^3 ≒ 5.8$ 倍になるでしょう。

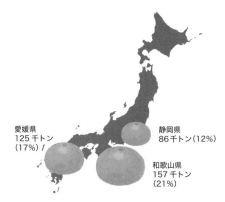

図 31　みかんの生産量上位 3 県（2019 年）
出典：https://www.pref.ehime.jp/h35500/kankitsu/documents/toukeidata12.pdf

表示の直接性

　図 32 は、2019 年と 2020 年の四半期ごとの売り上げ高を折れ線グラフで示した図です。表計算ソフトで描くと、図 (a) のように、2 つの線（普通は色で区別）が表す年が凡例として示されます。この図を見る人は、凡例というワンクッションを介して間接的に 2 つの線の年を知るわけです。そこで、ひと手間かけて図 (b) のように、それぞれの線がどちらの年を表しているのかを直接示すようにすると、理解が早まります。

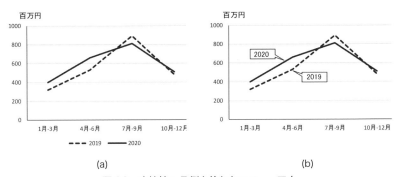

(a)　　　　　　　　　　　　　　　　　　(b)

図 32　直接性：凡例を使わないで、一工夫

このことを、私は表示の**直接性**と呼んでいます。情報の提示はできるだけ直接的であるべきだという考えかたです。何か他のものを介して間接的に提示したり参照したりすることは、なるべく避けるほうがよろしい。この本では、「散布図（図15、p.57）」のように、参照する場所をページまで示しているのは、直接性を考えてのことです。

第 13 講のまとめ

・よく使うグラフとしては、折れ線グラフ、棒グラフ、円グラフ、帯グラフがある。それぞれに適した目的に使う。

・折れ線グラフの縦軸の下端を 0 から始めるかどうかは、表示したいデータの変化の範囲による。棒グラフの縦軸の下端は 0 から始めるべきである。

・自分に都合のよい期間だけを見せてはいけない。

・3 次元のグラフは使わない。

・モノの大きさで値を表すときは、表示のしかたに注意する。

・表示の直接性に配慮する。

第14講　もっと大きなごまかしにも気をつけよう

　前の講では、グラフを用いたごまかしかたや不注意な示しかたを見ました。この講では、もっと大きなごまかしへの注意を述べましょう。そのいくつかは、すでにこれまでに出てきていますので、復習です。

データに基づかない感覚的意見や思いこみ

　データがあるにもかかわらず、それを示さないで、自分個人の意見や感情、あるいは思いこみで主張する例が、日本では多く見られます。そもそも日本人は、論理よりも感情や情緒に重きをおく傾向があります。

　例を挙げてみましょう。外国人による犯罪が増えているので、外国人を増やさないようにすべきだという意見があります。外国人による犯罪は本当に増えているのでしょうか?

　定着外国人居住者と一時的に来日した外国人とに分けて調べてみましょう。図33(a)の実線は、定着（外国人）居住者等による犯罪の検挙件数が、2010年から2019年にかけてどう変化したかを示します。一方、破線は法務省による在留外国人数の変化です。「定着居住者等の人数」と「在留外国人数」をほぼ同じだと考えれば、定住する外国人の数が増えているのに、犯罪は減っていることは明らかです。

　図(b)には、一時的な訪日外国人の数と来日外国人にたいする検挙件数の推移を示しました。訪日外国人数が急増しているのに、検挙件数は減っていることがわかります。

　ですから、「外国人による犯罪が増えている」という認識も、「外国人が増えると、外国人による犯罪が増える」という認識も、データによって否定されているわけです。

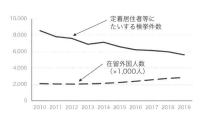
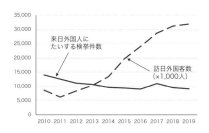

(a) 定着居住者による   (b) 来日外国人による

図 33　外国人数と外国人による犯罪件数

出典：警察庁 http://www.npa.go.jp/toukei/soubunkan/R01/R01hanzaitoukei.htm
　　　法務省 http://www.moj.go.jp/content/001269620.pdf
　　　日本政府観光局 https://www.jnto.go.jp/jpn/statistics/since2003_visitor_
　　　arrivals.pdf

　「思い込み」は、さまざまな認知的バイアスや、過去に自分でつくった " イメー
ジ " が修正されないままでいることにより起こります。ハンス・ロスリングらは「付
録 さらに勉強したいときは」（14）で、そのようなバイアスをいくつも説明してい
ます。

　データがあるのに気づかない、見ない、探さないということがしばしばあり
ます。データを探そうともせず、感覚で判断することも多いようです。たとえば、
あなたは、日本に居る人のなかで、定住している外国人がどのくらいの割合で
居ると思いますか?　定住しているとは、90 日以上滞在している人、つまり観
光客やビジネス目的の短期訪問者を除いた外国人です。

[演習 14.1] 次の各問で、事実に最も近そうだと思う解答を選んでください。
(1) 日本全体の外国人の割合は、(a) 1%　(b) 2%　(c) 3%
(2) 東京都新宿区は、新大久保のコリアンタウンなどを含み、外国人が多いこ
とで知られています。新宿区の外国人の割合は、(a) 4%　(b) 8%　(c) 12%
(3) 外国人の割合が 10% を超える市区町村はいくつありますか。東京都や政
令指定都市の区も 1 つとして数えます。(a) 5　(b) 10　(c) 15

定性的な議論、量を無視した議論
　また、日本人はデータに基づく定量的な議論でなく、定性的な説明や意思

表明で済ませる傾向があります。政治家や官僚が期限を明らかにせずに、「可及的速やかに」と言うのは、その典型例です。

　アメリカの政治家は、基本的な数値はそらで憶えていて、すぐ数値を引用することで有名です。NHKラジオの「実践ビジネス英語」という番組でも、登場人物がしばしば数値を引用します。アメリカのビジネス界においても、それが普通だからでしょう。

　出口治明は、「国語」でなく「算数」で考えることを提唱しています（『人生を面白くする本物の教養』、p.64、幻冬舎新書、2015）。「算数」でなく「国語」でごまかした例として、民主党が掲げたマニフェストを挙げています。消費税の税率を上げなくても、不要な予算をカットする「事業仕分け」を行えばその分の支出を減らせる、とした件です。結局、「事業仕分け」は単なるパフォーマンスで、それによる支出削減は微々たるものでした。「算数」で考え、説明していれば、これは最初からわかりきったことだと出口は指摘しています。これと同じような「算数」のない説明は、今の各政党の公約にもあるのではないでしょうか。

　事業仕分けの例は「量を無視した議論」とも言えます。量を無視した議論はあちこちで見られます。
・「タマネギが糖尿病にいい」と健康情報番組で言われていました。原論文のラットにたいする実験からすると、体重50kgの人が毎日50kgのタマネギを食べないと血糖値は下がりません（「付録　さらに勉強したい人のときは」(15)、p.64）。
・福島ではありえないような高い線量のケースを引き合いに出していて、それをあたかも福島で起こりうるかのように言っている（「付録　さらに勉強したい人のときは」(16)、p.107）。

結論が先で、データが後
　結論が先にあって、それに合うデータを見つけてくる、ということもよく行われます。その場合、結論とは矛盾するデータがあっても、それは無視されます。**データは中立ではありません。**データを示すには、それを示す目的があるので

す。ですから、目的に都合の良いデータだけ持ってきて示すということがよく行われます。

　安倍首相は、自分の経済政策アベノミクスが効果を上げているという証拠として、株価の上昇と有効求人倍率・完全失業率の改善を挙げるのが常でした。しかし、巷では景気が良くなった気がしないという声が多かったように思います。株価で景気の良さを測るのは一面的でしょう。株価上昇で潤うのは、企業と所得上位層に限られますから。また、有効求人倍率・完全失業率の改善は、団塊世代の退職による効果が大きいとか、増えたのは非正規職が多いとかの指摘もあります。

データとは一致しない結論

　データや事実が示すものとは一致しない結論を述べている本や論説もあります。例えば、最近の若者について、「就職した若者が3年で3割辞めていく」と言われていることがあります。

　これが的外れであることは、厚生労働省がウェブに上げているデータを見れば、ただちにわかります。「新規学卒就職者の在職期間別離職率の推移」[1]です。

　1987年3月に卒業して就職した大学生の28.4%が3年以内に辞めています。その後、1995年に32.0%と3割を超し、2009年を除いて、データの取れる2017年まで3割台で推移しています。最高は36.6%です。ついでながら、1987年からの3年間は、バブル期のまっただ中でした。

　高校生の3年以内の離職は、1987年の46.2%から2006年まで、5割弱で推移しています。最高は50.3%です。2007年以降は4割かそれ以下で、むしろ近年は3年以内の離職率が改善しています。

　「就職した若者が3年で3割辞めていく」というのは、30年も前から続いていることなのです。別に最近の若者だけに当てはまるのではなく、今50歳前後の働き盛りの層も含めて、ずっとそうだったわけです。

おかしな論理

[演習14.2]　ある本に次のように書いてありました。この意見の欠陥を指摘し

1　https://www.mhlw.go.jp/content/11650000/000689565.pdf

てください。「地球温暖化で海面が 60cm 上昇すると言われているが、たいした問題ではない。東京湾でも毎日 1m から 2m くらいの潮の干満がある」。

　ごまかしのテクニックは他にもたくさんありますが、ここではデータに関係するものを取りあげました。

第 14 講のまとめ

　データに関連するごまかしのパターンをいくつか学んだ。

・データがあるにもかかわらず、それを示さないで、自分個人の意見や感情、あるいは思いこみで主張する。

・定量的な議論をせず、定性的な説明で済ます。あるいは、量を無視した議論をする。

・結論が先にあって、それに合うデータを見つけてくる。データは中立ではない。データを示すには、それを示す目的がある。

・データや事実が示すものとは一致しない結論を述べる。

・論理的におかしな主張をする。

演習の解答

[演習 14.1] (1) b　(2) c　(3) b

　総務省『住民基本台帳に基づく人口、人口動態及び世帯数』(2020 年)に依ると、(1) は 2.26%、(2) は 12.22% です。(3) は 2018 年の同じ調査結果からみずほ総合研究所がまとめた報告[2]に依ると、10 です。

[演習 14.2] 地球温暖化で海面が 60cm 上昇するというのは、地球温暖化がないときの潮の干満のカーブが 60cm 上に上がるということです。そうすると、最悪の時はどういう時でしょう？　台風による高潮や、地震の後の津波ですね。60cm の差で高潮や津波が堤防を越え、命の危険にさらされた人は、「60cm なんて、たいした問題ではない」とは決して言わないでしょう。

　その本の論法によれば、地球全体の平均気温の上昇についても、こう言えるかもしれません。「2℃の上昇なんて何だ、毎日 10℃以上も気温は上下しているじゃないか。夏冬の差はもっと大きい」。しかし、地球全体の平均気温が 2℃上がるというのは、大変なことらしいです。こちらは、真夏日・猛暑日・熱帯夜の増加や、毎年のように起こる集中豪雨で、実感としてわかります。

2　https://www.mizuho-ri.co.jp/publication/research/pdf/today/rt180828.pdf

第15講　データリテラシーを磨くには

　いよいよ最後の講になりました。これまでのまとめとして、データリテラシーを磨くにはどうしたら良いかを考えましょう。この本で扱ってきたデータリテラシーには、二つの面があります。一つは、間違ったデータや故意に誤解させるようなデータをどう見分けるかという、マイナスを減らす面です。もう一つは、自分にとって大事な、信頼できる情報をどうやって見つけるかという、プラスの面です。

一次情報に当たれ

　一次情報（primary information）とは、最初に発生した、言いかえれば源となった情報です。個人が直接体験したこと、学術的な発表や調査結果、公的な機関がまとめた資料などは一次情報にあたります。一次情報を引用したり、編集したりした情報を二次情報と言います。たとえば、他の人の体験を見聞きした内容とか、一次情報を要約したり編集した内容は、二次情報です。三次情報というのもありますが、二次情報との区別は人によって違うようです。

　藻谷浩介は「一次情報から見えてくる事実は、ほぼ常に、いわゆる"世間で共有されるイメージ"とはズレている。"世間で共有されるイメージ"は、一次情報から遠く離れたところで、三次情報と循環参照をし合いながら形成されるものだからだ」と書いています[1]。

　確かに、マスコミやネットで形成されている"世間で共有されるイメージ"は、一次情報からズレていることがよくあります。たとえば、「PISAの順位が下がったのは、ゆとり教育のせいだ」というのが誤りであることは、コラム1.1で述べました。

---

[1]　藻谷浩介「新型コロナウイルスで変わらないもの・変わるもの」、村上陽一郎編：『コロナ後の世界を生きる——私たちの提言』所収、岩波新書、p.258、2020。

ですから、簡単に一次情報に当たることができるときには、一次情報を確かめるべきです。演習 14.1(c) の解答で、外国人の割合が 10% を超える市区町村は 10 あると述べました。これは、みずほ総合研究所がまとめたウェブページを参照しました。それらの市区町村の人口については、一次情報である総務省『住民基本台帳に基づく人口、人口動態及び世帯数』（平成 30 年）で確かめてあります。

　住民中の外国人の割合の多い市区町村を出したウェブページがもう一つあるのですが、どこも外国人の割合が少ない結果になっています。同じ一次情報を使っているのですが、割合の計算が誤っています。

　外国人の割合の多い市区町村を示す三つ目のウェブページは、使ったデータの年が書いてありません！　国勢調査の結果を用いていると書いてありますので、たぶん 2015 年でしょうけれども（以上、2021 年 1 月 23 日現在）。

　このように、一次情報でないネット上の情報を信用するのは、きわめて危ないことなのです。

メディアバイアス

　では、ネットでなく、テレビや新聞・雑誌など、マスコミの報道は信用できるのでしょうか？　ネットよりはましですが、マスコミ特有の偏り（バイアス）に注意する必要があります。

　第 5 講で外れ値という概念を学びました。他の数値から離れている数値です。「マスコミは外れ値が好きだ」と、比喩的に言います。「こんな危ない値が出た！」というのはニュースになりますが、「その後、危ない値は出ていません」とか、「すべて基準値以下です」とかは、ニュースになりにくいのです。世界の内戦やテロは報道されますが、「この地域はここ 5 年間平和です」ということは、何かの 5 周年記念でもないかぎり、報道されません。

　「大都市圏から地方へ移住する人が増えている」、「この町は大都市圏からの移住者の便宜を図っているため、人口が増えた」といった報道があります。それらは、まだ珍しいからニュースになるわけです。それらが当たり前になったら、ニュースとして取りあげられません。

ネットのニュースを見ているから、紙の新聞は見ないという人が増えています。若者だけでなく、30 代、40 代でも増えているようです。しかし、紙の新聞に比べて、Yahoo! ニュースや Google ニュースは次の欠点があります。

- 一覧性に乏しい。紙の新聞であれば、見たい記事を見るためにページをめくるとき、他の記事の見出しが目に入って、読むことがあります。
- 紙の新聞に比べて、興味本位の記事が上位にきている割合が多いように感じます。

フェイクニュースをどう見分けるかについては、次のコラム 15.1 で記しますが、「フェイクニュースも外れ値が好き」です。なぜなら、マスコミの報道以上に「あれ！？」と思わせることが重要だからです。フェイクニュースを拡散させる人たちのなかには、事実かどうかには関心がなく、「これは面白いから広めよう」という人がある程度いるようです。

コラム 15.1　フェイクニュースをどう見分けるか

まず、学会や情報教育の世界では、「フェイクニュース」という言葉を使わないほうがよい、と言われています。理由は、

- 問題のある情報を一くくりにして「フェイクニュース」と呼ぶと、対処策が立てにくい
- フェイクニュースというレッテル貼りが政治的な意図で使われている

からです。図 34 に、問題のある情報を 3 種類に分ける案を示します。

結局、フェイクニュースを見分けるには、この本でずっと勉強してきたような、情報が正しいかどうかにたいする感覚を日ごろから養っておくしかないでしょう。そのためのヒントは、この後でまとめます。

見分けかたについては、

烏賀陽弘道：『フェイクニュースの見分け方』、新潮新書、2017

がお薦めです。より詳しくは、

笹原和俊：『フェイクニュースを科学する　拡散するデマ、陰謀論、プロパガンダのしくみ』、DOJIN 選書、化学同人、2018

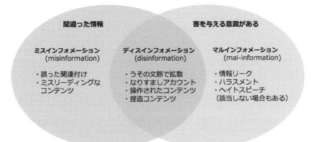

図34　問題のある情報の3分類

出典：耳塚佳代：「「フェイクニュース」時代におけるメディアリテラシー教育のあり方」，
『社会情報学』，第8巻3号，pp.29-45，2020

　一人ひとりがフェイクニュースを見分け、拡散しないことが、フェイクニュースにたいする社会全体の対抗策になります。

　世論操作を目的として、フェイクニュースを作成し拡散することをビジネスとしている、衝撃的な現状が、

NHKスペシャル取材班：『やばいデジタル　"現実"が飲み込まれる日』、
講談社現代新書、2020

の第2章にレポートされています。

信頼できる情報を見つける方法

　この講の最初に述べたように、疑わしい情報を見分けるだけではなく、自分にとって大事な、かつ信頼できる情報をどうやって見つけるか、という方法論が必要です。

　古美術品の本物と偽物を見分ける人をどうやって育てるかという話をむかし聞いたことがあります。普通に考えると、本物と偽物とを見せて、これは本物、これは偽物と教えそうな気がします。ところが、そうではなくて、ひたすら本物だけを見せ続けるのだそうです。そうすると、偽物を見ると一目で偽物とわかるようになる、と言っていました。本当かどうかはわかりませんが、いかにもと思わせられます。

　現在の情報環境において、偽物の情報を見ないということは不可能ですが、

できるだけ本物の情報に接するように努めるほうが良いと思います。

　糸井重里は、じぶんが参考にする意見としては、

- ・よりスキャンダラスでないほう
- ・より脅かしてないほう
- ・より正義を語らないほう
- ・より失礼でないほう
- ・よりユーモアのあるほう

を選ぶと言っています（「付録 さらに勉強したいときは」(16)、p.180）。書き手
の誠実さは、文章に現れるように思います。

　出どころが記されていない情報は、基本的に無視するほうがよいでしょう。それ
は、

- ・一次情報を確認する手段がない
- ・情報の出どころを記すべきだ、というルールを知らないか、守らない程度
　のリテラシーしかない人が書いている

からです。

[演習 15.1] あなたにとって大事な、かつ信頼できる情報が欲しい事がらは何
でしょうか。それについて、信頼できる情報が入手できていますか？

良い知人と良い本を

　知りたいことについて、信頼できる情報を得る最良の方法は、「このことにつ
いて知らない？」と訊ける友人・知人をたくさん持つことです。「それなら○○さ
んが知っているかもしれない。紹介してあげよう」という間接的な効果もありえま
す。

　良い本を選んで読むことも、信頼できる情報に接するうえで大切です。現在、
出版界は不況でどこも自転車操業です。倒産しないために、次々と本を出して
いるのが現状です。そのために、こう言っては何ですが、大型書店には「どう
でもよい」本があふれています。それらの多くは、あっという間に消えていきます。

私は、「ベストセラーはすぐには読まない」という悪い癖をもっています。そのために、この本はもっと早く読むべきだったと、半年後に気づくという失敗もありますが。

　今の多くの本は、消耗品として出版されているように思います。できるだけ口当たりよく、消化しやすいように、胃にもたれないように作られた食品のようなものです。しかし、そういう食品ばかり食べていては、体力もつきませんし、噛む力も衰えます。

　1日の仕事で疲れた後、通勤電車のなかで読むには、そういう「後に残らない」本が適しています。読み終わって「少し利口になった」と思えますが、でもそれはすぐに消えてしまいます。そういう本ばかり読んでいては、知力、すなわち活用できる知識や知恵が蓄積していきません。噛む力に相当する「読む力」も育ちません。

　大量に出版され、（良い本ほど）早く書店から消えるなかで、良い本に出会うために、新聞などの書評欄を参考にしている人は多いと思います。それ以外の手段として、私は良い友人に頼っています。お互いに、良いと思う本を読んだら、教え合うということをしています。関心と考えかたがある程度共通して、視野の広い人とのあいだが理想的です。

　ネットで本を手に入れるのではなく、書店で実際に本を手にとってパラパラと読んで、良い本かどうかの見きわめをつけることは大切です。そういうことを繰り返すうちに、（あなたにとって）良い本とどうでもよい本とを区別する力がしだいについてきます。知力と判断力を養う時間だと考えれば、もったいないとは思わないでしょう。

　また、目ざす本を書店の棚で探すとき、近くの棚で「あ、こんな本もあったか」と、思ってもいなかった本に出会うという効果も、捨てがたいものです。ネットでなく、紙の新聞を読む効果と共通します。

複雑な問題に簡単な解答はない

　複雑な問題に簡単な解答や解決策はありません。そういう策があると言う人がいたら、気をつけるほうがよろしい。第7講で学んだように、1つの結果の

原因が1つだけということは、むしろ少ないのです。主な原因だけでもいくつもあったり、いろいろな要因が複雑にからみ合ったりしていることが普通です。

物事を2つのどちらかというように単純化して論じる、いわゆる**二分論**(dichotomy)は危険です。そういう単純化をしないで、**白黒つかないことに耐える力**をもつ必要があります。別の言いかたをすれば、**不確かさやあいまいさを受け入れる力**です。今、人はどんどん忙しくなる一方ですから、わかりやすさや、楽に得られる情報に頼る気持ちが生じやすくなっています。でも、それに抵抗する必要があるわけです。

二分論に対抗するためには、多面的なものの見かたをする必要があります。苅谷剛彦の言う複眼思考法です。

社会がますます高度に複雑になっていくにつれて、**ブラックボックス**(black box)化が進んでいます。

ブラックボックスという言葉は、最初は装置やシステムにたいして使われました。装置の内部の仕組みや動作原理を知らないでも、こう操作すればこうなるというように使えることを指します。つまり、装置の中はまったくわからない「箱」で、その外側から、こういう入力を与えればこういう出力が得られるという考えかたです。コンピューターを用いたソフトウェアやシステムでは、その傾向が強まりました。

現在では、さまざまな社会システムや社会のなかのプロセスについてもブラックボックス化が進んでいます。それは、私たちがますます忙しくなって、システムやプロセスの中味を知ろうとしないで、それらを利用して生活しているからです。たとえば、季節の野菜であったトマト、きゅうり、なすなどが1年中食べられるのは、どうしてでしょう？　バナナはなぜこんなに安いのでしょうか？

自己防衛が唯一の策

これまで見てきたように、日本の（国家・地方）公務員やマスコミ関係者のデータリテラシーは、きわめてお粗末な状況にあります。ネットに書きこむ人は言うまでもないでしょう。それらの低レベルの情報源に惑わされないで、自分にとって大事な、かつ信頼できる情報を見つけるには、自分のデータリテラシーを磨

くしかありません。この本がそのための助けになったことを希望します。

　データリテラシーの根底には、他人の意見に頼らない**自分で考える力**があります。この本では、「考える」演習をたくさん用意しました。

データに頼りすぎるな

　最後に、データに頼りすぎるなということも言いたいと思います。これは、データを大事にせよ、データに基づく議論をせよ、と言ってきたこととは、逆のように見えます。しかし、これもまた真実なのです。

　世の中には、データ（数値）で表せないものがたくさんあります。また、数値に付随する実態やニュアンスのようなものは表せません。

　「死者何人」という裏には、それだけの数の生身の人が亡くなって、嘆き悲しんでいる家族が居るわけです。母子世帯の相対的貧困率は51.4%（2018年）と、5割を超えています。この数値から、母子世帯の半分がどのような苦労をしているかに思いをはせることが必要でしょう[2]。その苦労を軽くするには、どのような政策が必要かを考えるのは、政治家だけの責任ではないはずです。

　「数字がなければ、世界は理解できない。でも、数字だけでは世界はわからない」（「付録 さらに勉強したいときは」(14)、第8章）。

おわりに

　データリテラシーの教育が今後大事になることは間違いありません。学校教育だけでなく、社会教育としても必要でしょう。この本がそのために活用されれば、幸いです。

2　たとえば、阿部彩：『子どもの貧困』、第4章、岩波新書、2008。

第 15 講のまとめ

・できるだけ一次情報に当たるべきである。

・メディアのもつ情報の偏り（バイアス）に気をつけよう。

・フェイクニュースを見分けよう。

・本物の情報（信頼できる情報）になるべく接するようにしよう。

・出どころが記されていない情報は信用しない。

・信頼できる情報を得る最良の方法は、良い知人をもつことと、良い本を読むことである。

・良い本や大事な情報を見分けるカンを養おう。

・複雑な問題に簡単な解決策はない。

・日本全般のデータリテラシーは低いので、信頼できる情報を得るには自分のデータリテラシーを高めるしかない。

・データに頼りすぎないように。

演習の解答

［演習 15.1］当然、人によって違うはずです。以下は、例示だと思ってください。個人的な事柄としては、健康、老病死、老後、家族、仕事・雇用、趣味・余暇などがあるでしょうか。日本の社会や世界全体としては、これを書いている時点では、コロナ対策と経済との兼ね合いが迫られた課題です。そのほか、地球温暖化、莫大な国の借金、少子化、格差、東京一極集中と地方の疲弊、南海トラフ地震と東京直下地震、資源と食料の自給率向上などが考えられます。世界的な民主主義の混迷を挙げる人もいるかもしれません。

付録 —— さらに勉強したいときは

データリテラシー全体

(1) ゲアリー・スミス：『データは騙(かた)る　改竄・捏造・不正を見抜く統計学』、
　　早川書房、2019

を薦めます。第 12 章〜第 17 章は、同じような内容の繰り返しなので読まなく
てもかまいません。

第 1 講

　ランキングの問題点については、

(2) 田村秀：『データ・リテラシーの鍛え方』、イースト新書、2019、第 2 章

(3) 田村秀：『ランキングの罠』、ちくま文庫、2012

第 4 講

(4) フィリップ・モリソン他：『パワーズ　オブ　テン』、日経サイエンス、1983
　　宇宙の果てから極微の世界まで、長さを 1 ／ 10 ずつしながら自然を見る本
です。

第 5 講〜第 7 講

(5) 結城浩：『数学ガールの秘密ノート　やさしい統計』、SB クリエイティブ、
　　2016

(6) 神林博史：『1 歩前からはじめる統計の読み方・考え方［第 2 版］』、ミネ
　　ルヴァ書房、2019

(7) 西内啓：『統計学が最強の学問である［実践編］』、第 1, 2 章、ダイヤモ
　　ンド社、2014

第 7 講

(8) 谷岡一郎：『「社会調査」のウソ　リサーチ・リテラシーのすすめ』、文春新
　　書、2000

(9) 谷岡一郎：『データはウソをつく　科学的な社会調査の方法』、ちくまプリマー新書、2007

(10) 中室牧子・津川友介：『「原因と結果」の経済学　データから真実を見抜く思考法』、ダイヤモンド社、2017

第9講

(11) 冨島佑允：『「大数の法則」がわかれば、世の中のすべてがわかる！』、ウェッジ、2017

第11講

(12) 松本健太郎：『データサイエンス「超」入門　嘘をウソと見抜けなければ、データを扱うのは難しい』、毎日新聞出版、2018

第12講

(13) 中山健夫：『健康・医療の情報を読み解く　健康情報学への招待［第2版］』、丸善出版、2014

第14講

(14) ハンス・ロスリング、オーラ・ロスリング、アンナ・ロスリング・ロンランド：『FACTFULNESS』、日経BP社、2019

(15) 松永和紀：『メディア・バイアス　あやしい健康情報とニセ科学』、光文社新書、2007

第15講

(16) 早野龍五・糸井重里：『知ろうとすること。』、新潮文庫、2014

(17) 中山健夫：『「合理的思考」の教科書』、すばる舎、2012

あとがき

　10 年以上前に、「データリテラシー」という言葉を初めて聞きました。三重大学の奥村晴彦教授が情報教育シンポジウムで「データリテラシーの教育も必要だ」と言われたのです。情報リテラシー、コンピューターリテラシー、メディアリテラシーなど、いろいろあるなかで、データリテラシーという語は新鮮に響きました。

　奥村先生は、そのときグラフの表示法 (第 13 講) について言われたのですが、むろんそれだけを意味しているわけではないことは、わかりました。そこで、データリテラシーについて教えるとすれば、どのような内容が考えられるかのメモを作り始めました。

　メモは思いついたことをそのつど書き加えているうちに、執筆メモの形になりました。そういうわけで、この本はデータリテラシーに関して体系的にまとまった最初の本であると自負しています。本を書く時間が取れないまま、書くべき事例や、参考になる資料・本の記載が増えていき、最終的には 14 ページにもなりました。結果的に、10 年以上も温めたために、その間のさまざまな事例、資料、本の内容を反映することができました。

　きっかけを作ってくださった奥村晴彦先生にあつく御礼申し上げます。さまざまな本との出会いを作ってくれた浜松市立図書館に感謝します。

　近代科学社フェローの小山透様は本書のユニークさを理解され、出版を強く勧めてくださいました。編集は同社の高山哲司様と安原悦子様に担当していただきました。お二人の助言によって、読みやすく、わかりやすくなった箇所がいくつもあります。

　終わりに、いつも支えてくれている妻宣子と子どもたちに礼を言います。

索 引

著者略歴

阿部圭一 （あべ けいいち）

1968 年　名古屋大学大学院博士課程了、工学博士。
静岡大学、愛知工業大学を経て、現在はフリー。静岡大学名誉教授。
専門は情報学、情報教育。

主要著書
『明文術　伝わる日本語の書きかた』（NTT 出版、2006 年）
『「伝わる日本語」練習帳』（共著、近代科学社、2016 年）
『よくわかるデジタル数学－離散数学へのアプローチ』（近代科学社、2020 年）

装丁・組版　安原悦子
編集　小山透，高山哲司

■本書に記載されている会社名・製品名等は、一般に各社の登録商標または商標です。本文中の ©、®、TM 等の表示は省略しています。

■本書を通じてお気づきの点がございましたら、reader@kindaikagaku.co.jp までご一報ください。

■落丁・乱丁本は、お手数ですが（株）近代科学社までお送りください。送料弊社負担にてお取替えいたします。ただし、古書店で購入されたものについてはお取替えできません。

よくわかるデータリテラシー
データサイエンスの基本

2021 年 6 月 30 日　　初版第 1 刷発行
2024 年 4 月 30 日　　初版第 3 刷発行

著　者　　阿部 圭一
発行者　　大塚 浩昭
発行所　　株式会社近代科学社
　　　　　〒101-0051 東京都千代田区神田神保町 1-105
　　　　　https://www.kindaikagaku.co.jp/